U0462108

数字化转型与企业高质量发展

FINANCIAL GRAND STRATEGY

The Path to Digital and Intelligent Transformation

财务大战略

数智化转型之路

张敏　靳霞　徐凯　章睿　著

中国人民大学出版社

·北 京·

前 言

不管我们是否愿意，人类已经在大踏步迈向智能化时代；不管全国数千万财务人员是否愿意，财务已经驶上数智化快车道。然而，对于财务数智化转型的认识和态度，业界尚存在极大的分歧。大部分基层财务工作者和很大一部分首席财务官（CFO）的感觉是：我还是从事自己熟悉的财务工作，哪有你们说的那么夸张？毫不夸张地说，虽然很多人在谈论财务数智化转型，但其实他们在内心是犯嘀咕的，对于财务数智化转型的信心和决心是不足的。对于这些财务同人，我们想说的是：其实这是典型的"温水煮青蛙"，在事物从量变到质变的过程中，大部分人的触觉和反应是迟钝的；而小部分反应迅捷的精英会抓住难得的机遇，不仅帮助自己，而且帮助企业实现华丽转身。

大家对我国企业财务数智化转型现状的认识，分歧也不小。据我们观察，我国大部分企业的财务工作尚处于信息化阶段，小部分企业的财务工作处于数字基建阶段，极少数优秀企业的财务工作正在向智能化迈进。我们在这里不讨论信息化及其与数字化的区别，只想重点强调一下财务数智化转型的两个阶段：数字基建阶段和智能化阶段。

数字基建利用数字化技术，帮助企业实现数据贯通、流程拉通、企业运营线上化。这个阶段的重心是业财一体化建设，难点在于数据治理与管理变革。智能化是在数字基建完成后，利用数智化技术充分挖掘数据资产的价值，发现数据背后隐藏的规律，从而服务于企业决策，赋能业务。这个阶段的难点在于数智化技术与财务场景的深度融合。真正的深度融合不是锦上添花，而是雪中送炭。

对于数字基建，大家更容易达成共识，目前各大企业都在如火如荼地推进。然而，对于智能化大家却分歧很大。大部分财务基层员工和CFO对于财务智能化是存疑的。在我们和众多企业沟通的过程中，经常听到的是：你们用机器学习技术做预测，靠谱吗？这些技术对我们财务工作而言，有那么重要吗？对于这些质疑，我们是非常理解的。当数字基建完成，积累了大量数据，对于数据资产价值的挖掘需求自然会爆发式增长，我们非常确信这一点。

财务数智化转型是一项大工程，我们很难用一本书说清楚。因此，我们采取化繁为简的方法，试图利用简单的结构将复杂的财务数智化转型的关键点说清楚。简而言之，本书试图用一个框架高度概括财务数智化转型路径。

这个框架其实就是三句话：业财融合是基础，管理变革是核心，赋能业务是目标（见图1）。企业通过业财融合实现数据贯通、流程拉通，为智能化应用提供源源不断的高质量数据；通过管理变革确保数智化改革能够成功；通过数智化技术挖掘数据资产价值，为业

图 1　财务数智化转型路径的框架

务赋能。我们认为，这三个方面的工作是财务数智化转型成功的必要条件，但非充分条件，因为影响财务数智化转型成功与否的因素太多了。因此，我们希望本书起到抛砖引玉的作用。

全书共分为四章。第 1 章指出财务数智化转型是企业智能化升级的必由之路，提出财务数智化转型的理论分析工具——动量理论。第 2 章详细阐述财务数智化转型的核心——管理变革。数智化转型不仅靠技术的更新迭代，更需要管理变革，以帮助企业制订并执行财务转型计划，从而实现财务管控的卓越和创新。第 3 章深入剖析财务数智化转型的基石——业财融合，分析如何实施业财融合，并揭示业财融合的建设模式，介绍业财融合建设案例。第 4 章探讨财务数智化转型的目标——赋能业务。

本书由中国人民大学商学院张敏教授，吕梁学院靳霞副教授，深圳市远行科技股份有限公司副总经理、合伙人徐凯，以及首颐医疗集团副总裁章睿组织的团队一起完成。本书的撰写分工如下：第 1

章，张敏、靳霞、叶婷婷、贾丽；第 2 章，张敏、靳霞、叶婷婷、贾丽、刘泽宇；第 3 章，张敏、靳霞、徐凯；第 4 章，张敏、李昂、章睿、曹正凤、刘云菁、伍彬、谢佳宏、菅晓楠、赵月欣、杨逸云。

在撰写过程中，我们力求做到严谨、客观。然而，由于技术更新迅速，智能财务应用场景广泛，书中难免会有考虑不到之处，因此，我们诚挚地邀请广大读者朋友和专家学者对本书提出宝贵的意见和建议，以便我们不断改进和完善。

最后，我们要感谢参与本书编写工作的各位同人，正是他们的辛勤付出和共同努力，使得这本关于智能财务的著作得以问世。我们希望本书能成为各位读者朋友在财务转型过程中的重要参考。

目 录

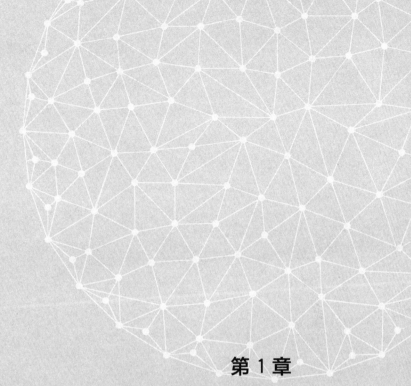

第 1 章

必由之路：
财务数智化转型

1.1　百川归海：美的集团财务数智化转型

2010 年，美的集团销售突破千亿元，这是继海尔之后，中国第二个年销售收入突破千亿元的家电航母。美的集团从 2000 年的百亿元跨越，到 2010 年的突破千亿元大关，10 年间增长迅猛。但千亿元销售收入往往意味着原来靠投资拉动实现的增速逐渐放缓；同时集团规模日渐庞大，也意味着决策效率可能有所降低。那么，如何避免陷入"千亿元收入病"的困境呢？

2011 年何享健"微服私访"时选择了三四线城市，目的是了解最真实的市场行情。前两年占据美的集团各个事业部半壁江山的农村市场陷入了增长疲乏期，主要是因为家电下乡政策透支了农村市场。基层销售人员说："很多农村居民的身份证都用过一遍了。"就在这次"微服私访"之后，美的集团开始减速，向效率要驱动力。

2011 年，美的集团下发《关于加快推动集团战略转型的决定》，从注重增长数量向注重增长质量转型、从低附加值向高附加值转型、从粗放式管理向精益管理转型。

"我们转型，不是因为我们现在碰到危机了，做企业一定要看得长远一点，"何享健强调，"未雨绸缪胜于亡羊补牢。"

方洪波接替何享健成为美的集团董事长后，美的集团全面开启了职业经理人时代。上任伊始，方洪波即针对美的集团组织架构和企业文化中存在的问题，实施了一场精准的"外科手术"，切掉了冗繁的层级，形成了一个高度扁平化的管理体系，将公司转向效率驱动。

2013 年美的集团整体上市，然而面对重整之后的各个事业部提交的信息，掌舵人方洪波和财务总监陷入了沉思：大大小小的子公司、合资公司总共有 11 套研发系统、26 套营销系统、30 套集成供应链系统、33 套管理支持系统，而且每个事业部信息系统高度离散化，数据口径、标准不一致，如何用一套管理制度来管理？如何提升数据的可比性？如何做到整个信息流畅通无阻，减少内耗，提高决策效率？各种问题接踵而至。

方洪波曾说："若依然走老路，我们永远到达不了新的地方。"

1.1.1 数字化转型三步走

1. 数字化 1.0（2012—2014 年）

在秦统一六国后，秦始皇下令书同文、车同轨，废分封、设郡县，就是为了巩固大一统局面。美的集团为了打破事业部之间数据孤岛、信息壁垒的困境，2012 年开启了数字化变革，美的集团内部将这次变革称作"632"项目，即六大运营平台、三大管理平台以及两大门户和集成开发平台。

这次变革由企业的"一把手"亲自部署和统率，从数据、流程、系统集成三个角度出发，将团队分为三个小组：第一个小组负责业务标准化、管理制度化、数据一致化；第二个小组进行流程拉通；第三个小组负责将所有结果信息技术（IT）化，将所有信息系统集成化，形成一体化商务智能（BI）展示。

流程拉通是提高企业效率的关键因素之一，美的集团用了 1～2 年的时间对流程进行全价值链梳理。流程梳理之后就是落地。这里的流程不是简单的审批流程，而是有具体的业务系统支撑，在美的内部，有条不成文的规定：凡是不能够到 IT 系统落地的流程都是假流程，一定要有对应的业务系统支撑。当有了清晰的流程后，接下来就是进行主数据治理和业务财务的拉通，即统一数据口径、标准来做到管理规则的前置，将财务核算的规则、业务本身应该遵循的基本逻辑，在业务系统中设置。

历时三年，10 多个事业部、20 多个全球生产基地的业务流程、数据统一到一个系统，最终实现了"一个美的"，即一个标准、一个体系、一套数据、一种管理语言、一个管理文化、一个 IT 系统。"632"项目对美的 40 多年发展过程中形成的治理机制、管理制度、运营流程、经营体制、业务模板进行了系统的总结、分析提炼，实现了标准化、制度化、流程化，影响深远，为美的下一阶段的转型发展奠定了关键的基础。

2. 数字化 2.0 (2015—2019 年)

随着科学技术的发展，当完成一致性变革后，管理者发现仅仅有一致性满足不了企业的发展需求，必须有新的革命性的技术工具来引导新商业模式的变革。2015 年美的集团正式开启了数字化转型之路。

2015—2016 年，为了提升内部效率，美的引入"互联网+"技术布局数字化2.0，打造了智能制造、大数据和移动化平台，发展出了"T+3"模式，形成云端数字化产业链。美的面向消费端研发数字营销和数字企划，形成以客户为中心，牵引营销、制造、物流、服务的一体化运营模式。美的开始不断深耕工业互联网，以物联网（IoT）驱动业务价值链的拉通。

3. 数字化 3.0 (2020 年至今)

在一致性变革和"工业互联网"的铺垫之下，美的开启了全面数字化和全面智能化之旅，争做百分百的业务数字化，同时争取用 2～3 年的时间，实现百分之八九十的决策数字化，即集业务的数字化和决策的数字化于一体的智能化建设。依托美云销商业平台、IoT 生态平台和工业互联网平台三大数智平台，聚焦产业数字化发展趋势，以流程变革贯穿数据业务化全链路，通过数据技术打造数据产品和数据应用，将数字技术与业务进行深度融合，改造全价值链，力争成为数字化标杆企业。

1.1.2　财务数智化

从精益生产到自动化生产，从自动化生产到智能生产，美的数字化转型之路越走越宽，越走越稳。集团数字化转型，不仅带来了技术的进步，更是管理思维、管理流程的转型。作为企业的数据处理中心，财务部门成为集团数字化转型的先行者。美的财务体系立足于集团"全面智能化、全面数字化"战略目标，通过全面预算管理激发企业的活力；通过财务经营可视化及业财一体管理体系的搭建，保障财务数据的统一标准及可分层管理；通过经营分析挖掘财务数据价值，发现风险问题并提出改善方案，有效推动企业业务变革。

1. 以全面预算为中心的成本控制

由于兼并与收购，不同的事业部财务系统不统一，在编制集团报表时，需要将不同系统中的数据导入 Excel 表格中进行标准化处理，并匹配代码、业务等信息。所以在 2005 年及之前，美的财务中心的核心功能是会计核算，通过总账、明细一致性，保证报表的数据可查。从 2006 年开始，集团以全面预算为中心，以预算管理-资金核算-会计结算三算合一为思路指导整个经营管理过程。

全面预算管理作为企业上承战略下接业务的纽带，为集团开启业财一体化建设和数字化转型奠定了良好的基础。美的集团的全面预算深入围绕业务展开，聚焦经营和关键事项，将关键事项分解成关键绩效指标（KPI），形成各部门的年度责任，经过层层分解，最终落实到个人，进行闭环管理。

集团坚持以全面预算为主进行成本管控，已然从采购成本管控转变为现在的全面成本管控。在美的，成本的归口管理部门是财务部门，业务端是降本的执行部门，负责各个预算指标的落地。每年9月份启动预算编制工作，根据经营目标，从销售端倒推其他部门的预算指标，从采购、研发、制造、物流、售后到内部职能管理等，所有环节、所有部门都进行预算分解，并以此制定严格的成本管控目标。在每个月的经营分析会上，财务部门都会根据预算，通报并推动成本管控工作。这里的降本主要是采购成本、研发成本和制造成本。

美的彻底的授权机制和面向公司经营的成本管控体系是全面预算成功推进的两大支柱，集团内部形成了"集权有道、分权有序、授权有章、用权有度"的机制，在这种机制下，一方面通过财务数据能够反推各个管理者过程管理的效率，判断业务过程的有效性和合理性；另一方面，集团将经营效果和管理层的绩效考核完全挂钩，经营效果越好，管理层的绩效考核越好，管理层的积极性越高，形成一个良性循环。

2. 财务共享中心

从2013年开始，美的财务部门着手整个经营业态的一体拉通：2013—2014年跟随整个集团的数字化转型步伐，进行流程拉通，建立管理的一致性标准；从 2014 年开始建设财务共享中心，进行重复性业务的集中核算，账务核算自动化，到 2016 年，财务共享中心覆盖了所有的事业部，成为大核算平台，将所有的业务纳入大核算平台，大核算平台不只是要求各部门使用财务共享系统，所有涉及落地的业务，都需要在财务共享统一规范及标准的管控之下。这样美的就通过整个财务共享，完成了战略型财务-共享财务-业务型财务三位一体的数字化转型。战略型财务是人力专家，提出政策并进行清单管控；共享财务做集中、标准化的财务处理，同时推动前端业务的标准化；业务型财务面向各个经营单位，面向市场，确保整个经营目标的达成，及整个经济活动的真实合理。

3. 业财融合

信息技术的发展将财务职能由记账、算账、报账等事后核算，前移为进行事中和事前控制，业财融合建设成为企业转型中的必经之路。美的集团的业财融合建设主要是以业务为核心的流程拉通和围绕全价值链的上游业务系统和下游财务数据系统的互联互通。

（1）以业务为核心的流程拉通。

集团将业务端分为费用到报销、财务到付款、销售到收款、总账到报告、投资到资产五大循环业务，按照 L1～L5 五级流程对五大业务层层梳理。L1 为战略解码角度的业务领域；L2 是对 L1 的流程的使能，反映了业务的具体运营模式；L3 是具体的功能模块；L4

是具体业务活动；L5 是具体操作点。

梳理企业财务领域的流程，可发现财务管理包括成本管理、应付管理、预算管理等，每一方面都有不同的业务能力，比如预算管理中有预算的编制、预算的执行、预算的分析等，不同的业务能力又涉及不同的业务活动，比如预算的执行有过程管理和预算调整等，预算调整又包括很多任务，如计算调整金额、预算调整申请、审核等，这是单一流程链条逐渐细化的过程。

然而，理想是丰满的，现实是骨感的，在实际中，财务部门自己梳理流程，会涉及跨业务领域的流程交互，比如财务和供应链、财务和内销，当拆解到 L4 时，还需要弄清楚不同领域的融合边界，将不同领域的业务活动进行串联。

十年前做这个流程的时候，IT 部门、业务部门等内部参与人员最多达到 5 000 人，再加上外部人员，将近 1 万人在做这件事情，100 个人里面有 5 个人在做同一件事——数字化转型，每个部门都有人员参与到项目中。

财务数智化转型围绕费用到报销、财务到付款、销售到收款、总账到报告、投资到资产五大循环业务进行流程的梳理和拉通。在端到端的业务流程框架搭建之后就是落地的过程，如前所述，在美的内部，有条不成文的规定：凡是不能够到 IT 系统落地的流程都是假流程，一定要有对应的业务系统支撑。在流程落地的过程中要进行主数据治理和业务财务的拉通，将财务核算的规则、业务本身应该遵循的基本逻辑设置到业务系统。

（2）全价值链的柔性驱动。

当我们在手机端下空调订单时，系统会自动识别并确认订单，自动匹配到相应工厂排产，7天左右，空调就会送到我们身边。这就是美的的"T＋3"模式，经过近两年持续迭代，美的彻底实现了以销定产，以产定采，以采定库存单位（SKU），实现了价值链上下游（供应商、制造商、批发商、零售商、物流服务商等）一体化建设。

在财务信息化时代，和供应商的往来对账、订单价格的发布、返利的计算、采购都是线下人工完成，从订单到客户的平均时间是45天，这个时间是总体交付周期，但每个阶段花了多少天，存在什么问题，其实都是含糊不清的，现在7～10天就可以完成全部流程。

美的的小B客户（15万家面向消费者的经销商）在系统下订单之后，总部收到订单请求，1～3天完成订单的评审，其间财务人员要审核客户的资金情况、返利政策、产品型号、产品价格等信息，当订单审核完之后，在系统平台发布寻源通知、招标、签订采购合同、安排发货、和供应商对账，采购、发票等工作可由系统自动完成。同时，考虑到原料的消耗、工艺的复杂程度、供应商对利润的诉求、大宗材料的变化等情况，可运用一定的模型对原料进行核价，此阶段1～3天就可以完成；当原料运送到生产线之后，开始大批量生产，从原料到成品，仅需2～3天；美的采用一盘货的管理模式，送装一体需2～3天。

在此阶段，集团将内部控制的节点与业务系统进行充分的融合，建立业务和财务之间的融合机制并统一语言，对数据进行规范和统一，明确每个流程节点上归口责任人员的内部控制责任。

产品从规划到上市直至退市，美的财务在每一个环节都没有缺席。产品线规划时，财务要审核是否符合年度规划和预算；立项时，财务要审核投入产出目标；开发时，财务要参与控制成本和交期；上市时，财务要通报销售情况、盈利情况和成本变动；退市时，财务要关注生命周期和库存处理。美的财务对业务活动的每一个环节，都进行深入了解，从而形成独立判断，并在流程审核中给出专业意见。美的财务的意见成了决策的重要依据。

1.1.3 数字赋能

从核算型财务到智能财务，从效率提升到价值创造，财务数智化转型对于联结业务系统、优化管理流程、提高决策水平起到了一定的推动作用，为集团的数字化转型提供了重要的推动力。

通过数据的实时传输，数据的延迟降至毫秒级，在部分领域已实现超过 20% 的成本降低和超过 50% 的效率提升。每一次技术进步都是生产力的解放和发展，美的的一盘货策略，使渠道库存大幅度减少，物流的效率也更高。

以前，冰箱或者洗衣机进出仓库会产生大量的物流浪费。现在，商品到了安得智联（美的集团旗下物流科技企业）的仓库之后，安得智联为用户提供送装一体化服务。使用数字化手段后，合作伙伴都在一个透明的环境里做生意。释放出的精力全部集中在如何服务好用户、如何通过市场营销吸引用户真正到店来体验。据不完全统计，美的通过一系列的数字化转型升级后，净利率从 6％ 提升到 10％，效率协同及降本的贡献率超过 50％。

美的集团副总裁兼首席信息官（CIO）张小懿在接受腾讯青腾大学教务长杨国安的访谈时谈道："像南沙这样的工厂，美的建了 6 个，我们现在还有三十几个工厂在推广。南沙工程，我们原来设计的产能是每个月 30 万套（空调）。2020 年南沙已经做到了每个月 90 多万套。"

"一把手"的果断与坚持、员工的积极配合、流程的拉通、数据的驱动，使现在的美的"破茧成蝶"，在数字化转型的道路上越走越稳。现在，越来越多的企业认识到数字化转型的紧迫感和重要性，纷纷投入数字化转型的浪潮中，将数字化转型提升到战略的高度。

1.2 财务数智化转型：数字企业"必杀技"

数字经济，向阳而生，正在成为优化配置要素资源、调整经济结构、促进产业转型升级的新引擎，成为改变商业竞争格局的关键力量。随着数字经济的高速发展，数字化转型成为企业转型的新风口，是顺应时代潮流、响应政策号召、提升行业竞争力、适应市场需求的必由之路。

1.2.1　企业数字化转型的现状

北京大学光华管理学院董小英研究团队、数字产业创新研究中心、锦囊专家联合发布的《2021 中国数字企业白皮书》显示，2021年有 42％的企业将数字化战略作为企业核心业务的支撑，数字化转型在行业处于快速追随者地位的企业数量占比由 2018 年的 17.1％上升到 2021 年的 47.5％。企业数字化的年平均投入额有所增加。2021年，近 14％的企业反映年平均投入额在 1 亿元以上，2020 年该比例为 9％。我国企业的数字化转型已从部分行业的头部企业的"选答题"变成更多行业、更多企业的"必答题"。从协同办公、财务系统等管理体系优化，到通过企业资源计划（ERP）、流程自动化等实现运作效率的提升，再到智能企划、渠道创新的智能营销，数字技术正改变着企业的方方面面。

然而传统企业和数字原生企业不同，其数字化基础薄弱，尤其是第一产业和第二产业的传统企业，可能会面临"转不好找死，不转型等死"的两难境地。数据显示，仅 16％的企业已有成功样本，处于推广和深化阶段；20％的企业在持续地探索和试错；24％的企业处于规划和尝试阶段；40％的企业取得了初步成效。也就是说，只有 16％的中国企业数字化成效显著。

数字化转型包括数字化和转型。数字化是指企业运用数字技术来优化业务流程，提高工作效率。转型是指以客户为中心，以创造价值为出发点，推动管理变革、商业模式变革，提升自身竞争能力。所以，数字化是手段，转型是目标，企业要通过数字化转型，最终成为数字企业。未来，舞台将属于数字企业。2021 年 11 月 3 日，腾讯发布《数字化转型指数报告 2021》，对 18 个主要行业的数字化转型做了全面的分析，指出数字原生行业的数字化规模领先于传统行业，数字原生行业的电商规模最大。

数字企业是指以用户为导向，以数据为基础，运用数字技术实现物理世界和数字世界的融合的企业，其全生命周期都能实现智能决策。数字企业通过云技术、人工智能、持续学习和洞察力驱动的能力来寻求新的增长和创新，高效整合内外部资源、提高跨部门协作和产品迭代创新的能力，提升自身综合竞争力。数字企业具有以下特征：

1. 数据思维

古希腊哲学家柏拉图说："思维是灵魂的自我谈话。"数据思维是数字企业用数据发现问题、洞察规律、自我诊断的一种思维模式。2020 年发布的《中共中央 国务院关于构建更加完善的要素市场化配置体制机制的意见》将数据作为生产要素之一，意味着数据有了资产的属性，数据驱动成为数字经济时代企业经营的核心特征。在万物互联的时代，基于数据的新模式、新产品不断涌现，能否有效使用呈指数级增长的数据将成为保持核心竞争力的关键。

2. 数字运营

"以产品为中心"转向"以用户为中心"，场景驱动业务创新，提升用户体验；从"以产定销"转成"柔性生产"，灵活调整生产策略；从传统广告到精准营销，以客户为中心，运用智能算法分析客户喜好，与客户建立更有温度的连接。

3. 智慧管理

实现人、机、物的有机协调，以"以人为中心"的理念实现精细化管理。数字企业通过数字化管理平台，快速实现跨部门、跨组织、跨业务、跨系统的协同办公，实现了规范化和扁平化管理。

4. 智能决策

数字企业打破了传统的依靠经验驱动决策的方式，转为数据驱动决策。新的算法、模型和工具的出现对企业的财务决策产生了巨大的影响，推动财务决策从依赖经验、直觉到由数据算法驱动的科学化、智能化转变。

5. 商业生态

如今的商业竞争已经不是传统的企业与企业之间的"单打独斗"，而是逐渐演变为产业链、生态圈之间的比拼。美的与华为、腾讯等建立双赢机制，相互协同、共同成长。在后新冠疫情时代，以用户为中心的生态系统抗压能力更强，优势互补，能够应对市场环境的不确定性和多变性。

首先，数字企业包括数字原生企业，如阿里巴巴、腾讯、百度、

京东，它们拥有数字基因，战略愿景、业务需求、组织架构、组织
管理等都是围绕数字世界展开的，形成了获取和存储数据的天然优
势，并通过机器学习等技术分析数据，增强数字赋能能力。在企业
数字化转型的道路上，数字原生企业也运用自己积累的数字化技术
优势，帮助传统行业进行数字化转型，成为传统企业数字化转型的
助力者。

其次，数字企业也包括传统企业，即转型成为数字企业的传统
企业。面对新冠疫情期间经营环境的不确定性，同时受到数字原生
企业的跨界竞争威胁，传统企业为了生存和发展，纷纷加速利用数
字化技术探索转型路线，寻找变革的突破口。

与数字原生企业不同，传统企业在成立之时，基本是基于物理
世界构建的。绝大部分企业是围绕采购、制造、流通、服务等具体
的经济活动展开的，缺乏以软件和平台为核心的数据接口。传统企
业的数字化转型经历了信息化—数字化—智能化的过程。企业在信
息化建设阶段，由于缺乏统筹规划，各部门为了提高自己的工作效
率，会创建自己的信息系统，包括销售系统、办公自动化（OA）系
统、ERP 系统、合同管理系统、财务系统等，各部门保存各部门的
数据，标准不统一、技术难兼容、数据分散导致数据互通越来越难，
跨部门的数据沟通成本增加，形成信息壁垒，影响了企业的运营效
率。这就造成了传统企业在进行数字化转型时相比数字原生企业的
显著差异。所以在数字化转型过程中，传统企业面临着更大的挑战
和压力。

1.2.2　数字企业的 CFO 画像

2021 年 11 月，百度任命罗戎为新任 CFO，在宣布对罗戎的任命的时候，百度首席执行官（CEO）李彦宏提到了罗戎的加分项："在好未来转型为线上线下结合的科技教育公司，以及从运营驱动到数据和技术驱动过程中，发挥了重要推动作用。"快手新任 CFO 金秉曾总结，财务上的事情应该放手让专业的人去做。而快手对 CFO 的诉求是既懂资本市场和财务运营，又能完全看懂和理解快手业务。2022 年，字节跳动迎来了新任 CFO 高准。高准既懂法律，又懂中概股，且深入了解企业业务逻辑和商业模式。2022 年 2 月，美的从集团内部提拔了一名 CFO，而前两任 CFO 都是从外部空降。从房地产到互联网，再到新消费，大家已经习惯于讲述以规模换增长的故事，站在百年未有之大变局的十字路口，如今故事的主线随着数字经济的发展发生了颠覆性改变。讲故事的 CFO 应该具备什么样的能力？数字企业的 CFO 画像是什么样的？

"企业转型，财务先行"，在数字化转型过程中，财务起到引擎的关键作用。面对疲软的销售增长、跨界的竞争对手、变化的商业模式、指数级增长的数据、复杂的监管要求，作为 CEO 左膀右臂的 CFO 被推到台前，他们不仅肩负着"降成本、提效益、控风险"的传统责任，还要具备数字化思维和数字领导力，推动企业的可持续发展。CFO 应敏锐地察觉到数字技术对企业的价值，制定合适的转型战略。

不久的将来，数字企业的 CFO 必将成为智能化转型的专家。

1. CFO 的数字化角色

（1）价值的守护者。

守护价值是 CFO 最根本的职责所在。面对变幻莫测的商业环境，CFO 要认识到数字化技术的重要性，善于利用大数据技术和智能分析模型生成预测性新洞察。目前大部分企业智能化技术的使用都停留在提高财务工作效率的水平，而非将其视为提升决策力并从中获取有价值的信息的手段。所以，CFO 要树立数字化思维，利用数字化技术运筹帷幄，控风险、降成本，守住企业的经济价值。1）风险管理是 CFO 的关键工作之一，CFO 要应用大数据技术的风险管理技术手段，降低企业风险，提升信息的透明度；2）CFO 要提升本职工作的效率，实现财务处理的实时性，快速将洞察转化为行动；3）基于人工智能的算法和算力，利用海量的数据提供不同分析场景的智能分析决策，剖析各项关键指标，透过数据看本质，快速评估业务，从而降低业务风险，提高企业竞争力。

CFO 是什么？是数据和业务洞察的管理者，是能帮助公司做精细化运营、用数据分析支持公司做决策的人。

（2）价值的整合者。

懂业务的 CFO 知道如何把财务数据与业务数据相结合，甚至敢于挑战业务。

作为 CFO，对内要整合内部资源，即业财 100％融合，实现财务赋能业务，业务推动财务；对外要做包括供应链在内的利益相关者的合作伙伴。业财融合是财务数智化转型的基石，CFO推动企业的业财融合是使命所在、职责所在。美的2022年上任的CFO是深耕美的20年、推动美的财经变革的80后女将。任正非曾表示，称职的CFO随时可以接任CEO，是全业务的"万金油"。2020年IBM发布了一份基于对2 105位CFO的访谈的报告，发现了一组更为敏捷、更富有创新力、盈利水平更高的企业，这些企业的CFO借助数据挖掘新收入渠道，分配资本，同时将财务和运营、客户、竞争对手相关数据信息有效整合，为决策提供支持，管控风险。从"以财理财"到"以财谋业"，再到"财务即业务"，借助先进的人工智能技术，CFO积极参与到业务模式和战略规划中，指引企业业务变革、投融资、并购，应用数字化技术提高决策质量和精准度，推动智能决策。

（3）数字化战略的驱动者。

从企业的信息化建设，到数字化、智能化转型，CFO都是企业变革的先行者，不但要考虑转型中的付出能否取得回报，更要帮助企业寻找新的商业模式，适应市场的监管变化和需求变化。数字化战略是企业转型的方向盘，越来越多的CFO被要求参与到企业"数据驱动之旅"中。CFO要对企业产生的各种数据进行分析，挖掘有用信息，洞察商机，为战略的执行提供信息依据。从上海国家会计学院2019年的问卷调研中可以看出，CFO认为他们在公司转型中有很高的参与度，主要是在转型成本及转型现金流的分析等领域。

CFO 应当成为战略规划部门的合作伙伴，运用数字化技术和方法评估企业各业务创造价值的能力，思考数字业务的绩效管理，积极参与数字化战略规划。

2. CFO 的数字能力

作为公司行动的策划者、变革的拥护者，CFO 在企业数字化转型中扮演着重要角色。CFO 要运用数字化思维和卓越的数字能力，捕捉转型机会，参与制定数字化战略，在数字化技术的推动下，帮助企业占领新的竞争市场，取得战略性资源，为企业可持续发展提供充足的动力。

作为企业的财务一把手，CFO 掌握着企业的资金命脉，是 CEO 必不可少的战略合作伙伴，在资本运作、风险管控、财务管理等方面起着不可或缺的作用。

CFO 的能力也对企业的发展起着非常关键的作用。学术界主要研究 CFO 的能力与公司业绩、现金持有等的关联性。研究发现，专业技能较强的 CFO，可以合理合法地降低企业税负，提高会计信息的质量，还可以降低会计差错产生的概率。[①] 此外，向锐认为 CFO 进入董事会能够提高其财务执行力，能有效地降低过度投资，提高公司治理能力。[②]

---

① 薛爽，都卫峰，洪昀 . CFO 影响力与企业税负水平：基于企业所有权视角的分析 [J]. 财经研究，2012（10）：57-67；王霞，薛跃，于学强 . CFO 的背景特征与会计信息质量：基于中国财务重述公司的经验证据 [J]. 财经研究，2011（9）：123-133，144.
② 向锐 . CFO 财务执行力与企业过度投资：基于董事会视角的分析 [J]. 会计研究，2015（7）：56-62，97.

2019 年，中国总会计师协会发布了《中国总会计师（CFO）能力框架》，框架中提到 CFO 应具备四大能力，分别为道德遵从能力、专业能力、组织能力、商业能力。英国特许公认会计师公会（ACCA）于 2013 年提出了"财会全才"十项能力。臧秀清通过问卷调查得出专业胜任能力的相关数据，从专业知识、专业技能、个人素养三方面构建了专业胜任能力框架。[①] 孟高栋从公司治理环境和个人能力两个方面论述 CFO 能力。[②] 张宏广提出数字时代 CFO 财务分析要增强战略意识，增加深度，拓宽广度。[③]

我们认为，数字时代的 CFO 至少应该具备以下能力：

（1）敏锐的洞察力。

红杉资本中国首席经济学家张岸元认为，CFO 要对经济环境足够敏感，对长期经济增速的变化有明确的认知。这里所说的明确的认知和足够敏感反映出 CFO 的敏锐洞察力于企业发展的重要性。CFO 应根据经济环境、行业发展趋势、财税政策及自身业务洞察，及时捕捉变革机会，从专业角度为企业商业模式的创新出谋划策。

（2）业财融合的思维能力。

CFO 要转变观念，走出财务看企业整体运营：树立业财融合思维，通过对内外部环境的分析洞察，全面掌握企业运营情况，整合数据信息资源，深度参与业务决策，将财务工作从事后转移到事前和事中；组织财务部门与业务部门一起研究业务流程和体系，不断

---

① 臧秀清，杨荔媛 . CFO 专业胜任能力框架构建［J］. 会计之友，2016（22）：31-33.
② 孟高栋 . 论上市公司 CFO 的能力架构［J］. 财务与会计，2018（21）：47.
③ 张宏广 . 数字时代 CFO 财务分析视角的转变［J］. 当代会计，2020（14）：12-14.

完善绩效考核体系，通过业务分析整合资源，展望未来。

（3）数字领导力。

数字技术改变了上下级交流和沟通的方式，尤其是在后新冠疫情时代，远程办公提升了员工工作的自主性，降低了与上级的"对抗性"，拓宽了管理者的空间。CFO 作为企业的主要领导者，应增强数字沟通能力，提升自己的数字领导力。数字领导力指的是领导者依托数字技术，基于沟通、激励、信任等，提升企业绩效的能力。[①] 在企业财务转型和业财融合建设阶段，CFO 起着非常重要的作用：一方面，及时了解上级转型的期望与企业发展战略；另一方面，与员工进行深度沟通、布置转型任务，快速了解员工工作状态，借助信息技术在团队内营造积极愉快的工作氛围，鼓励大家表达自己的观点与需求，提升团队的整体沟通质量。同时，为了应对技术的快速迭代、知识的快速更新及管理的多元化需求，CFO 需要具备持续的学习能力和自我控制能力，进行有效的管理和决策。

（4）数字技术应用能力。

在企业向智能化转型的过程中，数字化管理已经成为 CFO 不可或缺的技能，尽管 CFO 不需要像首席信息官一样成为数字技术专家，但他们需要具备有关数字技术应用的能力，要透过数据看本质，准确把握数据背后的逻辑，为企业领导层提供深刻见解，利用大数据技术进行业务和商业模式创新，为客户创造价值，提升企业的决策效率。

---

① 巨彦鹏 . 数字时代数字领导力矩阵分析与提升路径研究［J］. 领导科学，2021（8）：47 - 50.

张瑞敏先生说："没有成功的企业，只有时代的企业。"而对于CFO来说，"没有最好的CFO，只有时代的CFO"。身处转型变革的关键时期，CFO从幕后走到台前，带领团队运用数字技术推动企业的数字化转型。路漫漫其修远兮，他们必将上下而求索。

1.2.3 数字时代财务发展方向

数字企业的终极目标是实现物理世界与数字世界的实时反馈、决策优化。作为反映企业经营情况的中枢神经，财务的数智化转型，是构建敏捷组织、提升精益管理、赋能业务的关键因素之一。

随着工业 4.0 时代的到来，财务部门在企业中的地位与经济发展水平之间的倒 U 型关系日益明显：在很长一段时期内，二者之间是正相关关系，经济越发展，财务越重要；然而拐点可能已经到来，二者之间开始呈现负相关关系，即随着经济的发展，财务部门的地位逐渐下降，被边缘化的趋势比较明显。要扭转这一局面，财务职能必须从弱管理型向强管理型转变，而财务智能化是实现这一转变的绝佳路径。通过财务智能化，财务部门的地位也会逐渐提升，让前文提及的倒 U 型关系变为持续的正相关关系。

智能财务可以提升企业的财务管理效率，提升企业价值。企业的经营管理活动发生时，人工智能、机器人流程自动化（RPA）、BI等工具可以自动执行财务管理工作，大幅度节约人力物力财力，提高财务管理的效率。而财务部门又可以进一步借助上述工具进行高

质量的数据分析，为业务部门和管理部门的决策提供有用信息。这
不仅能提升财务部门的地位，更能为企业创造巨大的价值。决策信
息与企业价值提升之间的正相关关系越强，智能财务的未来越光明。

1.3　动量理论

"我消灭你，与你无关"这句话出自刘慈欣的《三体》，揭示了
企业如今生存的基本规律，精辟地概括了数字时代的企业竞争态势。
击败康师傅的不是今麦郎，而是外卖；大量减少现金偷窃的不是警
察，而是移动支付，如微信和支付宝。在这个万物互联、跨界融合
的时代，科技的加速迭代导致了商业生态圈的剧烈变革，企业很难
想象它的下一个竞争对手是谁。数字时代的竞争充满颠覆性，这是
大势所趋，企业唯有顺势而为，乘势而上。但是为什么有的企业数
字化转型成功了，有的却失败了？是什么因素在影响数字化转型的
效果？企业数字化和财务数智化有什么关系？我们将用动量理论来
回答这些问题。

1.3.1　动量理论的提出

李白的《将进酒》中写道："君不见，黄河之水天上来，奔流到
海不复回。"汹涌的黄河之水，从天而降，波涛翻滚直奔大海，凸显

了大河之来势不可挡和大河之去势不可阻的自然规律。如今企业的数字化转型，也如这黄河之水，势不可挡。

如图 1-1 所示，动量理论涉及四个要素：河流、高山、水闸和大海。河流的流向代表着数字化转型是大势所趋，企业要顺势而为。高山代指企业特质和领导人特质，决定了企业的数字化转型，塑造了转型的势头。它是一个公司或一个管理团队分配资源的动力所在。水闸代表了组织能力，我们可以通过水闸来控制流量和水位。企业可能有动力投资于数字项目，但如果没有组织能力，它们就无法成功地实现数字化。河流代表业务数字化，公司内部的数字化通常从业务开始，因为业务数字化支持公司的运作，业务数字化过程中会产生信息流、资金流、物流。正如我们所知，河流最终流入大海。财务的数智化就像河流流入大海一样，企业所有业务的信息流、资金流、物流汇聚万涓细流而波澜壮阔，都会汇总到财务部门。

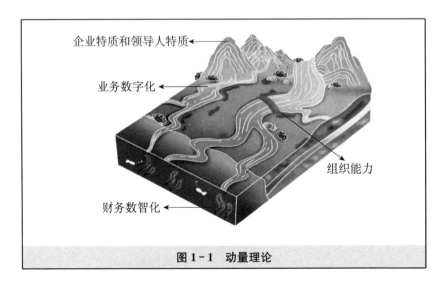

图 1-1　动量理论

1.3.2　动量理论框架构建

依据动量理论，可构建动量理论框架，如图 1-2 所示。

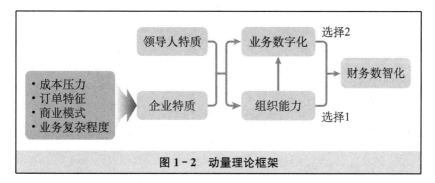

图 1-2　动量理论框架

1. 企业特质

企业特质是企业转型的基础，是什么样的压力推动着企业启动数字化转型？如果一家公司不承受任何压力，它就没有动力投资数字化。在学术界，越来越多的文献研究了组织意愿在数字化转型中如何影响企业的信息处理能力。[①] 国企的压力可能主要来自国家各部委，这种压力是自上而下的，比如 2020 年国务院国资委办公厅印发《关于加快推进国有企业数字化转型工作的通知》，明确了国有企业数字化转型的基础、方向、重点和举措；2022 年国务院国资委下发

---

① Li H，Wu Y，Cao D M，et al. Organizational mindfulness towards digital transformation as a prerequisite of information processing capability to achieve market agility [J]. Journal of business research，2021，122：700-712.

《关于中央企业加快建设世界一流财务管理体系的指导意见》，要求
中央企业以数字技术与财务管理深度融合为抓手，固根基、强职能、
优保障，加快构建世界一流财务管理体系。而民企的压力是自外而
内的，来自外部环境的不确定性、成本控制等。美的集团数字化转
型的压力来自投资拉动带来的市场疲软、大规模扩张带来的"大企
业病"等。在房租、库存积压、电子商务巨头如京东和淘宝等的压
力下，一些家电零售企业运用人工智能、数据挖掘等信息技术手段，
将线上与线下融合，为消费者提供全方位服务体验。此外，订单特
征、商业模式和业务复杂程度也是影响数字化决策的企业特质。

2. 领导人特质

领导人特质也有可能成为数字化战略变革的动力。领导人在商
业战略中的角色是至关重要的。除了统筹分配研发支出外，领导人
还应该协调创新所需的资源和能力。从财务数智化转型的角度来看，
数字化的组织动机与领导人的抱负有关。换句话说，领导人特质可
以促进数字化转型。

3. 组织能力

组织能力分为普通能力和动态能力，普通能力的目的是提高业务
功能中的技术效率，而动态能力的目的则与技术和商业机会相一致。[①]

① Teece D J. The foundations of enterprise performance: dynamic and ordinary capabilities in an (economic) theory of firms [J]. Academy of management perspectives, 2014, 28 (4): 328-352.

CEO 或高层管理团队感知趋势、抓住机会和领导转型的能力是组织能力的一部分，也是公司动态能力中最重要的组成部分。① 在某种程度上，动态能力可以解释企业之间的异质性②，因为这是竞争对手难以模仿的。③

4. 财务数智化

我们将财务数智化看作一个产品的开发过程，成功的产品开发需要模块知识和架构知识④，根据模块知识和架构知识的组合，财务数智化分成四种：渐进式、模块式、架构式和突破式。图 1-2 中的选择 2 和选择 1 分别代表渐进式和突破式。渐进式表示在企业特质、领导人特质及组织能力的推动下，形成了业务数字化，业务数字化的成功导致财务领域的数智化。与渐进式相比，突破式好比我们要"创造"河流并使用外力使其流入海洋中，这将更具挑战性、创造性。

在图 1-3 中，水平维度描述了系统组件，而垂直维度强调系统架构。左上角是渐进式，在数字化转型中只需要进行技术改进，系统架构不变。大部分的数字原生企业属于这种情况，比如阿里巴巴，其业

---

① Adner R，Helfat C E. Corporate effects and dynamic managerial capabilities [J]. Strategic management journal，2003，24 (10)：1011-1025.

② Teece D J. Dynamic capabilities and entrepreneurial management in large organizations：toward a theory of the (entrepreneurial) firm [J]. European economic review，2016，86：202-216.

③ Gratton L，Ghoshal S. Beyond best practice [J]. MIT sloan management review，2005，46 (3)：49-57，92.

④ Henderson R M，Clark K B. Architectural innovation：the reconfiguration of existing product technologies and the failure of established firms [J]. Administrative science quarterly，1990，35 (1)：9-30.

务数字化做得很好，需要改进技术将业务信息引入财务的海洋中，财务数智化水到渠成。模块式需要技术突破，但架构不变。美的采用的是这种模式。左下角是架构式，这需要架构改变和技术改进。右下角是突破式，这种路径更具创造性和重塑性，不仅需要技术突破，更需要系统架构的改变。受限于企业技术上的惰性、利益冲突和内部文化，突破式在实际中很难实施，企业要"创造"河流并使其汇入大海是非常困难的。但是困难并不代表无法实现，突破式可能的实现方案是从模块式或架构式进行转变。从动态能力的视角看，技术诀窍（比如缄默知识）是需要通过学习得到积累的。①一家企业实现财务数智化转型，往往并非一开始就呈现"突破式"的特征。就好比 2007 年乔布斯介绍第一款苹果手机时说苹果重塑了手机，但是这一款手机的突破并非一蹴而就，是苹果长期研发经验积累的结果（其中也包括失败的教训）。

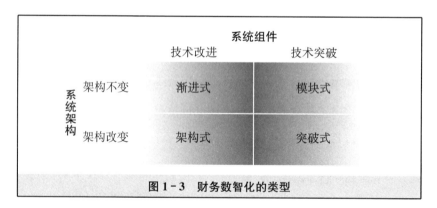

图 1-3　财务数智化的类型

①　Teece D J, Pisano G, Shuen A. Dynamic capabilities and strategic management [J]. Strategic management journal, 1997, 18 (7): 509 - 533; Dosi G, Nelson R R, Winter S. The nature and dynamics of organizational capabilities [M]. Oxford University Press, 2000.

第 2 章

管理变革：
财务数智化转型的核心

2.1　黑云的管理变革

2.1.1　水到渠成：黑云的财务数智化转型

黑云（黑云精密、黑云信息、黑云软件等的统称）的创始人陈冠义出生在中国台湾，1999 年毕业于明志科技大学工业设计系，之后来到深圳的一家生产手机配件的台资企业。2004 年创业之初，陈冠义的经营理念跟传统的认知相悖，一般人想的是做大客户，而他一开始却承接别人不愿做的小订单。他说："我 2004 年创业的时候，就是承接这种少量多样的订单。为什么我喜欢承接少量多样的订单？因为接大单的时候客人都会砍价，接小单的时候他求你做，所以我喜欢做小单。大订单大家都抢着去做，大家往往在价格上有所牺牲，我觉得这个不太赚钱。当初我做手机保护套，就是接小订单，员工也发现只要管控得好，小订单其实比大订单还要赚钱，而且可以收现金，客单价也高。"

陈冠义继续分享说，接大订单不仅投入大，而且风险大，因为需要为此雇用几千甚至上万人，但若之后没有大订单，很多人就无事可做。黑云最多时有 1 200 人，现在只有 400 多人，可是营收逐年上升。

然而，对于少量多样的订单而言，控制成本几乎就是全部。因为少量多样的订单，库存只要有一点没有用掉，这张单子就可能是赔钱的。客人可以给出好一点的单价，可以给出更长的交货期，但如果内部管控做不好，就没戏了。把内部管控做成系统之后，所有的支出都是可见的，也就没有那些浪费了，相关问题也就解决了。

1. "黑云"的由来

在苹果手机面世之前，陈冠义用的是黑莓手机，不喜欢用电脑，以至于公司注册的时候，他就想到用"黑"字开头。为什么叫黑云？系统分析师余白梅说："当时冰岛火山爆发，导致形成了黑云，所以有了黑云这个名字。现在很多软件公司用'云'命名，但他们最开始没想到往这方面走，有点误打误撞的感觉。"

目前，与陈冠义密切相关的企业有黑云精密、黑云信息以及黑云软件等公司。黑云精密的全称是深圳市黑云精密工业有限公司，专门做苹果代工。黑云软件全称为深圳市黑云软件系统有限公司，做手机端 ERP 系统的软件即服务（Software as a Service，SaaS）。黑云信息，全称为深圳市黑云信息科技有限公司。黑云精密前身为深圳市黑云包装有限公司（以下简称"黑云包装"），最早从事手机配件的生产与销售，产品主要销往欧洲。黑云精密能销售 3 500 万个手机皮套，营业额可达 3 500 万美元，在许多传统制造业苦于无法应对多样少量订单的情况下，黑云精密的生产线每天可切换 50 种不同产品，每样产品须组装十几种配件，每张订单数量往往是 500～3 000个，每天总产量仍能达 12 万个，切换产品花不到 1 分钟，这种智能生产流程靠的是各种 iOS 设备以及灵活的流程设计，还吸引了富士康、日本经济产业省、韩国 LG、美国麻省理工学院等知名组织前来取经。

2. ERP 系统：外购还是自建？

黑云信息项目经理陈信荣说，公司成立之初，全靠老客户相挺，但有一次一个老客户下单，公司承办人员误把 3 000 个看成 3 万个，并直接向原料供应商下单，最后这个错误让公司赔得血本无归。

由于人工成本的提升以及订单操作失误，陈冠义决定导入 ERP系统，避免再产生这类错误，但市面上的系统价格很不友好，甚至超过公司一年的营业额，功能也顶多符合需求的八成，其他需求还得迁就系统，最后内部讨论后，决定用 PHP 与 MySQL 等当时流行的开源套件，量身定做开发出一套进销存系统。

然而，自己设计一套 ERP 系统并非那么简单，而且需要一定的资金投入，这种投入还不一定有回报。所以，被问到为什么当时想做这样的系统，做数字化转型，陈冠义说："我想这跟我的个性有关系，只要发现了我原来没有看到的东西，或者我掌握不了的东西，我晚上就会紧张到睡不着。所以我自己做了很多 Excel 表用于管理公司，可是这些 Excel 表的关联性太小，联动性也低。所以就想办法自己写程序，把整个流程管控起来。这是我开始做软件的初衷，那时候根本不晓得什么是信息化，只想把企业管好。"

由于黑云的长项在于接少量多样的订单，避免错误、提高效能至关重要，最有效的方法就是用各种方式确保流程是正确无误的。黑云从客户下单、公司进料开始，就采用自动化智能管理。客户下单后，每一个环节都有照片，进料也有照片，在每个环节都可进行照片比对，让出错率降到最低。

2013 年，陈信荣受大学同学陈冠义之邀，加入黑云信息。陈信荣说："过去曾尝试过用 Windows、安卓平台，但问题太多，而现在用很多很简单的东西，串接起来后再最佳化，不用买太贵的专用设备，也能达到相同效果。工厂中随处可见的显示器，只要生产线异常就会立即出现警示，提醒线上人员排除异常，达到了很好的管理效果。直到现在我们还不断尝试各种可能。另外也因为采用 iOS 装置，所以逃过了如勒索病毒等许多网络恶意攻击。"

黑云自 2010 年以来，为了提升效率、减少出错率，不断改进流程，例如尽量以图表取代文字说明。有些作业员阅读文字有其困难，会影响工作效率，与其这样，不如尽量用图表说明，让他们一目了然。这一举措，不仅让员工培训变得简单，而且对于使用黑云 App 的客户而言，也是提升用户体验的重要手段。

3. 黑云 App 迭代过程

（1）早期探索阶段（2004—2005 年）。黑云源起于 2004 年，主营业务为手机配件的生产与贸易。在创业初期，陈冠义发现同业管理不够细致，利润空间仍有待扩大，便着手生产自动化投资以及信息化管理。

在经营企业过程中，陈冠义发现随着竞争的日益激烈，处在价值链低端的生产制造环节革新迫在眉睫，为了降低成本并且快速抢占市场，企业接受大量的少量多样订单，但如何保证生产效果，如何保障从供应商到顾客的快速供应，如何整合软硬件信息以加强企业管理，如何使整个业务以及财务成果都实时掌握在管理者手中，都成为企业发展中面临的问题。2005 年，陈冠义详细了解金蝶 K3 系统之后，发现当时的 ERP 系统存在功能固化、功能分割等问题，决心从 2005 年下半年开始招募团队，自主研发功能高度一体化、客户体验较好的 ERP 移动端 App，由此开启了自主研发管理信息系统之路。

（2）快速成长阶段（2006—2011 年）。最早的管理信息系统设计从进销存着手，逐步扩大到生产、人事以及财务等其他方面，此时的信息系统以自用为主要目的。2011 年开始使用 iPad，此时公司管理信息系统功能基本都能在 iPhone 以及 iPad 上实现。通过详尽的业务流程梳理，界定了每一工作岗位的职责和权力。移动端 App 更加便捷、高度一体化，可实时收到所在岗位需处理的精准任务，极大地提高了工作效率，降低了成本。黑云除了在软件方面革新，在硬件方面也一贯注重引进高科技生产设备。传统的制造业工厂自动化和信息化割裂比较严重，黑云则自行撰写开发程序，将先进的传感技术融入硬件设备中，经过二次改造，形成黑云所需的智能化设备，助力智慧工厂落地。

（3）深化发展阶段（2012—2016 年）。在此期间，黑云继续派出工程师去北京学习，在原有移动端 App 基础上继续革新，开发更多的功能。硬件方面，黑云的智能设备嵌入越来越多的传感器，让机器与机器之间能够对话，实现数据畅通，人机间也经由数据传递实现对话，使营运高效便捷，管理者能随时随地准确掌握各部门信息。2016 年，黑云与其他公司合作，使用对方的高端机器并获得对方的技术支持，由此实现了机器与机器、机器与人、人与人之间更便捷的联通。

（4）相对成熟阶段（2017 年至今）。黑云软件成立后，黑云真正将移动端 App 的生产与销售作为独立的产品线进行运营。截至 2024 年初已有数十家制造企业使用黑云系统。黑云秉持低收费的原则，一个黑云软件账号一个月只需要 30 元钱，客户购买账号后便能获得高质量的软件使用服务。黑云自行开发了基于 iOS 的 ERP 系统 App，这是一款集制造执行系统（MES）、ERP 系统及其他 IT 系统于一体的综合系统软件，使业务、采购、品检、仓库、制造、物流、人事以及财务等共用一套整合系统，打破了完全自动化与完全信息化相对封闭的局面，建立了一体化的贯穿各个环节的通用系统。黑云移动端 ERP 系统实现了各个环节的信息实时对接，提高了员工的工作效率，也使工作成果透明化，而实时更新也让工厂和虚拟云端紧密相连。

4. 黑云理念：工业乐高

提到黑云理念，余白梅说："我们的理念就是工业乐高，想要什么，就做什么。物料架上的小磨具全是自己做的……黑云软件只是一个工具，但是最重要的，你要先有黑云理念。很多公司不愿意用黑云 App，它们认为这样做财务太公开了。"

余白梅补充说：黑云软件的客户公司只有几十家，黑云 App 的目标客户其实是中小型企业，我们没有往大型企业发展。对很多大型企业来讲，我们会去调研，评估它们，判断它们是否用得起来。因为我们不想浪费别人的时间或者浪费自己的时间，不是说有钱就要赚，我们以用户成功使用为目标，而不是说来者不拒。大型公司很难用到，也可能个人很想用，但是集团层面说不行。特别是财务这一块，它们觉得不安全，因为黑云是小公司，它们可能比较相信 SAP 这种。反正不管 SAP 现在好不好用，账款情况都掌握在自己手上，因为很多财务软件都是靠财务部门来做账进去。那个是最稳的，最有底气的。我们这种系统的数据是自动生成的，很多时候会让人感觉没底，客户会想这个数字是怎么来的。

（1）内部信息透明。

通过数字化转型做出的这个移动端 ERP 系统，所带来的效益可以概括成两点。一个是成本的控制，即所有成本都是可见可控的。另一个就是透明，让每一个人知道自己的工作成果，知道自己努力的方向。换言之，一方面降成本，另一方面调动大家的积极性，所以企业财务数智化转型可以使利润最大化。有人曾问："你这样怎么控制员工和财务，就比如采购人员有没有拿回扣？"陈冠义回答："我所有的采购对所有供应商公开，我采购的条件、交货期是多少，每一个供应商的绩效，我全部公开，这些信息都在我的系统里面，如每一个供应商每次质检报告的信息。把这些信息披露出来，本身就是最好的防腐剂，而东西放在阳光底下晒干就不会烂掉。所以说当你有真实的信息，而你又敢披露，大家就不敢下手。"

黑云做这个信息化，其实也是利用大量的信息报告来管控公司，让公司的整个氛围是正向的。因为如果每个人都有自己的一个小本子记录一本账，就很容易产生信息不对称，一些不好的事情就会发生。尤其是企业规模越来越大，部门越来越多，如果不透明的话，内耗的损失太大了。

（2）最合适的信息工具。

陈冠义说："黑云没有做太多的创新，我们只是利用当代的信息工具，找出最佳的工作方式而已。"做个比喻，就像在 10 年前或者 15 年前，我们到办公室第一件事情是把电脑打开，登录新浪官网，先看一下新浪的新闻，今天则是打开微信、今日头条或者抖音，信息马上就推送过来了。

ERP 诞生于 20 世纪 80 年代，那时的电脑技术现在看来是比较落后的，而且主要基于台式机设计。现在的信息化工具，其实是相当先进的，所以黑云其实是利用当代的工具重新打造、重新定义我们的工作方式。黑云打造高度一体化的企业信息系统，以用户体验为本。用户体验才是最重要的。黑云利用现在的信息工具，主要是手机跟平板电脑，打造全新高效的运营方式，就是所谓的 App 的运作模式。相较于台式机端的 ERP 系统，黑云移动端 App 很敏捷，而 B 端的使用体验可以逼近或者超越 C 端。因为现在 C 端的使用体验是稀松平常的事情，例如大家使用支付宝或微信支付。所以 C 端的部分已经有相当好的体验，而且非常先进，只是在 B 端的体验还有待完善。

（3）重新定义的能力。

富士康总共有 5 000 多个人来黑云参观，而且富士康协理级别以上的员工基本都来过黑云。一位富士康高管曾经问陈冠义："你难道不怕我抄袭过来？"陈冠义说："你抄不出来，哪怕你拥有宝马 4S 店全球最厉害的维修工程师，也设计不出下一代全新的宝马。因为设计是颠覆性的，你只是维修维护，没办法创新，创新是要颠覆过去的，要重新定义。你的软件工程师有多少人具备重新定义的能力？我相信是零。你得有重新定义的能力。"

对于如何保持这样的创新能力，陈冠义说："就像是埃隆·马斯克一样，大家认为他是做电动汽车，其实他做的是软件。我认为像特斯拉这样的企业是无法超越的，特斯拉重新定义了汽车，苹果重新定义了手机，我相信我也正在重新定义的路上。在这条路上，我们已经可以看到全世界最成功的两家企业……我也希望我不只是在推出自己的产品——这个软件产品，我对我自己的产品，不做任何专利的申请，因为我希望大家来抄袭，我希望这些行业的大佬来复制黑云的模式，如果它们愿意复制黑云的模式，就意味着我的路线是正确的。"

2.1.2 揭秘黑云转型奥秘——动量理论

1. 企业特质

在我国，中小企业数量多，它们往往会面临融资困难、经营成本上升、市场需求减弱等困难和风险，尤其是在后新冠疫情时代，它们努力、挣扎、转型，在夹缝中求生。黑云是众多中小型制造企业的一员。黑云数字化转型的压力来自成本，有明显的降低成本的动机和压力。因为传统制造企业不仅在外部面临上游原材料价格上涨、下游需求乏力的问题，还在内部存在信息不对称导致的交易成本提高问题。由于小企业议价能力和成本转嫁能力有限，利润空间不断受到挤压。在这种情况下，降本增效是企业的首要任务。

随着人工智能、云计算、机器学习等数字化技术对各行各业的持续影响，黑云率先认识到数字化在企业经营管理中的重要性，尝试转型，将信息技术与企业采购、生产、制造、管理、销售等全方位融合，找到业务增长点，打通业务和财务壁垒，挖掘业务流中不增值的部分，从而有针对性地降低成本，提高效率，推动企业业务模式创新和管理模式变革。

多品种小批量的生产模式对传统制造业是一项挑战，这种生产模式使得企业供应链管理困难，容易造成物资采购错误及生产作业混乱。如何降低企业存货量，准确高效地切换生产线，是黑云需要解决的问题。数字化转型可以帮助黑云全面掌控生产过程的各个环节，提高采购的准确率及生产加工效率。

同时，黑云的数字化转型为其提供了使用新的技术工具来提高内部透明度的机会，这有助于降低信息的不对称性，减少内部欺诈和摩擦。数字化让黑云的每一笔业务都在阳光下进行，这样做，过程可视、结果可测、错误自纠，且价值链清晰，防止了很多不必要的成本。例如当企业想找一个供应商来采购原材料时，按照传统的方式，可能会在没有记录流程的情况下打电话给潜在的供应商，这样我们很难知道价格是否足够公平，或者采购员有没有徇私舞弊，订单是否有问题。但在数字化的场景中，公司使用系统（如 Oracle 和 SAP）和应用程序（例如黑云软件）来帮助记录和管理采购的全过程，使公司能够比较不同供应商价格，审查供应商的资格，并审查某个产品的历史订单。这不仅能够帮助公司降低成本，还有助于培育透明和开放的组织文化。

2. 领导人特质

黑云领导人的特点是重视控制。陈冠义说："我的公司做的是小生意，如果我不知道公司的经营情况，我就无法入睡。"为了应对这种不安全感和不确定性，他努力控制日常程序。具体来说，当组织中有很多隐藏的信息时就会出现领导盲区，他会感到非常不安，这促使他和他的团队自主开发内部 ERP 系统。这样他可以观察公司的每个角落，审视每一笔订单的增值点。

陈冠义对信息透明度的追求使得每个供应商的资格、员工的绩效都得以公开。在黑云，通过移动端的 ERP 系统，管理者对公司的运营状况了如指掌，员工也能清楚地知道订单的盈利情况。从降低成本、减少浪费再到为产品选择更合适的供应商，黑云一直都在寻求最优解，不断降本增效。陈冠义坚持认为，基于 iOS 移动设备的 ERP 系统应该易于使用，不同于基于台式机的 ERP 系统，要尽可能简单。

陈冠义坚定的决心和亲力亲为是黑云转型成功的基础。黑云的系统分析师余白梅曾说：我们老板的想法是建造一个像工业乐高一样的乐园工厂，我们可以链接和搭建任何我们想要的东西，我们系统里的所有理念都是出自老板。更有趣的是，作为一个注重细节的人，黑云的办公椅、办公设备都是陈冠义亲自挑选的。

3. 组织能力

即使有数字化转型的目标和意愿，但是如果没有组织能力，企业也无法实现目标。黑云的独特能力是创新能力，这种能力带来的是重新设计或重新定义。黑云重新定义了数字化转型，重新定义了商业模式。从早期的"引进 ERP"到最后自己研发设计移动端 ERP，重构了领导与员工、员工与员工、公司与供应商、公司与银行的关系。

有种痛叫生长痛，因为痛，所以青春；不痛，无以言成长。黑云在成长过程中也会经历成长痛，比如成本的压力，管理跟不上经营等。但是黑云没有放弃，而是从管理的视角去解决企业的"生长之痛"。在陈冠义的带领下，黑云实现了 100％ 数字化，不仅减少了资源的浪费，压缩了生产成本，简化了公司的管理层级，打通了上下级之间传递信息的通道，更实现了管理数字化，让企业的经营信息暴露在阳光下。数字技术推动着企业管理变革，企业管理变革是企业顺应时代发展的战略变革。

2.2　从 0 到 1 的管理变革

企业数字化转型不仅是一场技术革命，更是管理思维的革命，管理变革是数字化转型的核心。如果我们将数字化简单地想象成利用数字化技术把我们物理世界的人员、组织、业务、流程集成到一个软件系统，让计算机来执行人的所有指令，那么这样的转型必将以失败告终。数字化转型，实质是管理变革、组织变革。技术无法取代人的作用，数字化转型要"以人为本"，将技术与人的能力有效地结合。如图 2-1 所示，数字化转型的管理变革包括战略驱动、"一把手"坐镇、文化变革、流程变革、组织变革。

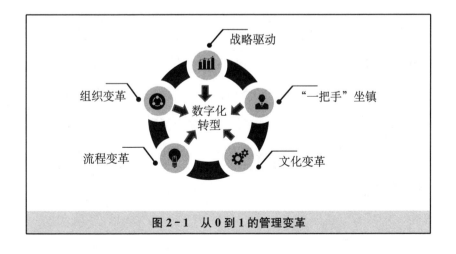

图 2-1　从 0 到 1 的管理变革

是不是真的"人算"不如"机算"？流行"算法崇拜"的企业如今不在少数。

2020年4月，在春暖花开的季节，受新冠疫情影响，便利蜂在企业内部提出了"冬眠计划"，部分门店、运营、供应链暂时"静默"。便利蜂，这个带着数字基因的新零售企业，经过多年的模型训练，其"算法"运用可谓炉火纯青，从门店的选址、员工的培训到订货、员工的工作流程都离不开"算法"。然而，看似完美的"算法"却给员工带来了一定的困扰，部分员工在面对系统"机械化"要求时显得疲惫不堪，因为不按规定来就会被扣款，比如员工上厕所需要在系统提交申请，批准后方可离开；员工吃饭的时间也要按照算法精准执行。然而系统也好，技术也罢，都是帮助企业更好地发展，企业要保持长青还是要靠"有温度"的管理。如何平衡技术和管理，让技术更好地赋能企业的变革，是当下亟须解决的核心问题。

管理变革是企业为应对内外环境的变化而对文化、组织、流程等做出调整的过程。工欲善其事，必先利其器。通过持续的调整、完善，管理变革这把利器才能推动企业的持续发展。在管理变革中，战略是方向盘，"一把手"是司机，文化变革和组织变革是发动机，流程变革是车轮，共同推动传统企业从"有围墙的花园"，变为"共创共赢共享的生态园"。

2.2.1　战略驱动

1. 我们为什么要做数字化转型？是否有内在的需求做数字化转型？目前哪些方面是我们的痛点和堵点？

2. 通过数字化，我们在哪些方面会创造新的价值？

3. 我们的投入产出是什么？我们是否有能力去做数字化？

4. 我们预期的结果是什么？降本增效还是改善客户的体验？

5. 哪些方面需要做数字化转型？

1. 数字化战略的提出

数字化转型对于企业来说已是必答题，但是很多企业都担心"不转型等死，转不好找死"的两难境地的出现，所以企业在着手转型之前应好好想想前面的战略问题。

数字化转型，战略先行。战略是企业的方向盘，决定了企业在转型中该干什么和怎么干。数字化转型不能盲目跟风，要有明确的战略定位。数字化转型意味着打破原来的思维定式，将数字化理念根植于企业总体发展战略中，建立清晰的数字化愿景，在设计转型战略时将技术、业务、管理、财务等相关方面与战略目标、战略方向、战略举措进行有机融合。重点结合业务的痛点和管理的现状，围绕为客户创值、数据驱动等核心目标，对战略的制定、落地实施、动态调整等全过程进行柔性管控和持续优化，支撑组织的可持续发展。

数字化转型离不开整体规划、分步实施、有序推进。企业应结合内外部环境，综合考虑企业当前痛点、自身资源优势、未来企业发展目标、未来产业发展趋势、外部政策情况等各类因素，对数字化转型的必要性、迫切性、战略性进行充分、全面的分析，并据此确定企业数字化转型远景目标。

2. 财务从核算型向战略支持型转变

企业通过对需求进行梳理及学习行业最佳实践案例，形成战略规划—蓝图规划—实施规划—系统建设的有效路径。在这个过程中，财务部门是一支重要的战略支持力量。作为企业天然的数据中心，财务需要快速响应业务的需求，做好资源的最优分配，这对财务的职能定位有了更高的要求，财务职能必须从核算型向战略支持型转变，而财务智能化是实现这一转变的绝佳路径。财务智能化通过提升财务信息的完整性、及时性、准确性与科学性，讲好"数据故事"，为企业进行科学管理与决策提供必需的高质量信息，提升决策者对财务部门的依赖性，为企业创值服务，助力企业业务战略和总体战略的实现。借助财务智能化，财务人员成为企业的"数据中枢"和"经营顾问"，为企业经营管理提供数据见解。

2014年，新奥集团正式提出数智化转型战略，聚焦客户，充分利用数字智能技术，逐步推动战略升级、管理重构、文化重塑。在集团整体数智化转型的战略方针下，在业务方面，新奥集团着力打造泛能网、来康网两大平台，构建清洁能源生态圈、生命健康生态圈，以"场景是基础、物联是关键、数据是资源、平台是载体、智能是目的"为建设思路，搭建了基于物联网的产业数智平台，赋能各行各业，推动产业智能升级。与此同时，财务作为企业重要组成部分，在新奥数智化转型战略中起到重要的支撑和推动作用，是新奥流程优化、数智化升级的重要抓手。一方面，财务系统作为企业数据汇集的中心，向上承接管理层决策，向下承接采购、销售、投融资等业务，在推动企业进行多层级、多部门、全面数智化转型方面具备天然的位置优势和信息优势；另一方面，财务管理作为企业管理的重要支撑，其掌握、处理、提供的核心数据，是企业绩效评估和管理层进行决策的重要依据。如何发挥数据价值、赋能企业创值，是企业开展数智化转型的基础，也是评价企业数智化转型成果的重要因素。

新奥集团之所以积极推动财务数智化转型，一方面在于期望解决传统财务痛点，通过财务重构，以创值为焦点，以数据经营为核心，不断促进财务部门的价值升级和定位转变，使其从以财务核算、决策支持为核心的传统辅助部门，向激发自驱力、促进系统创值增值的创值运营转变；另一方面是希望以财务数智化转型为突破口，带动集团整体实现数智化转型战略的落地和发展。

2.2.2 "一把手"坐镇

数字化转型是企业战略级的转型，必须由企业的最高管理者亲自主导并参与。

数字化转型常常被称为"一把手"工程,一方面在于数字化转型往往是一个自上而下的过程,是一个循序渐进、不断重复并演化的过程。数字化转型不是一蹴而就的,要经历长期无数次迭代更新,这个过程只有起点,没有终点,所以需要"一把手"亲自参与,领导团队共同制定数字化战略。另一方面在于,成功的数字化转型往往离不开领导人的沟通和协调。数字化转型是用新的技术、新的模式去优化传统业务,改造传统业务,这会涉及组织架构的调整、流程的梳理,还会涉及权责利的重新分配,会动某些部门的蛋糕,有时会引发颠覆式变革,这时需要"一把手"协调、调动。

1. 转变思维

数字化转型,与其说是技术的改进,不如说是思维方式的升级转变,是一场思维的革命。数字化转型会涉及整个组织甚至整个产业价值链的利益相关者的转型。企业"一把手"需要对数字化有着深刻理解,应用数字化思维推动企业变革,提升全员的数字化能力。如图 2-2 所示,数字化思维包括数字化战略思维、数字化商业思维、数字化管理思维、数字思维等。

(1)数字化战略思维。要形成数字化战略思维,需要对数字化技术、数字化背景有充分的了解。要适应企业战略性的数字化转型需要,拓宽视野,变革思维,从传统的用"人"去解决问题的思维转变成用数据解决企业运营问题的思维。

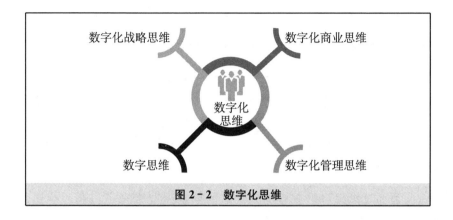

图 2-2　数字化思维

（2）数字化商业思维。数字化转型的落脚点不是技术升级，而是业务能力的提升，实现从"以产品为中心"向"客户需求导向"的经营理念转变，从做产品向建生态的思维转变。

（3）数字化管理思维。要适应企业组织、流程和管控模式数字化转型的管理需要，构建快速响应的组织架构，助力企业扁平化、去中心化。

（4）数字思维。作为数据的引领者，要树立"数据分析"的理念，借助数据分析新的业务增长点；同时激发员工的学习兴趣，提升员工的数字化能力，引导员工树立数字思维——用数据说话、靠数据决策、依数据执行。

2. 转型的决心

中国人民大学商学院毛基业教授曾说数字化转型需要"一把手"的决心，这个决心必须源于对数字化转型的深刻见解。美的集团董事长兼总裁方洪波在接受采访时曾说过："数字化转型就像憋一口气，憋住了，可能就是一片新的天地；没憋住，便只能回到起点。"
这句话总结了他对数字化转型的思考。从这句话可以看出方洪波转
型的魄力和决心，从 2012 年开始，他带领美的从"制造"走向"智
造"。

对于新奥集团而言，创始人王玉锁正是企业数字化转型的提出
者和关键推动人物。王玉锁从三个角度解读了数字时代的机遇：第
一，数字时代为对行业有深刻理解的创新企业带来了机会；第二，
数字技术能够帮助企业解决许多传统工业时代的业务难题和管理难
题；第三，随着产业智能发展成熟，中小企业将依托产业智能发展。
而对作为能源行业领先者的新奥集团来说，随着国家逐渐开放能源
产业投资，该产业由以往"特许经营"转向"全面竞争"，能源企业
要保住已有市场份额或进一步拓展市场空间，必须依靠更高效的智
能管理和决策体系，新奥集团应该成为产业智能的生产者和提供者，
因此成为智能平台运营商是新奥集团在数字时代的必然选择。

2.2.3 文化变革

一场深刻的组织变革，需要打破原有部门之间的边界和利益壁
垒，加强组织内部协同，自上而下地由高层管理者推动，以及自下
而上地由员工接纳和执行，这是转型的必由之路。数字化转型，转
到深处是人的转型，有了"一把手"的决心和信念，还要有员工对
数字化转型的接纳态度和支持行为。这就需要与之相匹配的文化引

领和加速企业的数字化转型。文化是企业的灵魂，是数字化转型的催化剂。数字化转型其实是一场文化再造和思维变革之旅，而变革最难的是企业上下共识的达成。所以，文化升级是变革成功的保障。

新的技术打破了用户和企业、企业和企业的边界，沟通、交流、协作、共享成了数字企业工作的核心。但是在转型过程中，会出现决策层和执行层想法不一致、部门和部门之间不配合的情况，出现管理混乱、执行效率低下等问题。这时需要与企业战略配合的组织文化来升级战略思维，提升团队凝聚力和协作水平，提高组织的适应性。

数字企业需要什么样的组织文化？也许在我们的脑海中会有很多的词，创新、协作、纠错、尊重、包容、不断学习等。美的集团营造了一种开放、公正、公平的工作环境，提供平台和资源激励员工创造价值、成就自我，与企业共同发展。何享健曾说："宁可放弃100万元的利润，也不放弃一个对企业有用的人才。"美的集团志存高远、客户至上、变革创新、包容共享、务实奋进的企业文化推动着其更上一层楼。

创新是新奥集团的基因。在技术和管理方面，新奥集团不断地探索，在管理方面提出了"理正"概念，基于共创共享共治的理念并利用数智技术，将人从流程中解放出来，实现管理模式场景化，将以物为主、ERP流程化的管理模式转变为以人为主、自驱＋赋能的管理模式，强化每位员工的能力。逢山开路，遇水架桥，不畏艰苦，顽强拼搏，这是新奥集团自始至终坚守的"成事"精神。在

"成事"精神的推动下，"明、快、严、实"的企业文化已经深入人心。尊重伙伴、诚实守信、和谐共赢是新奥人的信念。新奥集团还提出了"源自客户、成就彼此、共创生态"的"新奥之道"，将员工视作合作伙伴，深入理解和直面客户，满足客户需求，用数据驱动为合作伙伴赋能。

数字化转型就是要变革创新，数字企业应该营造充满活力的创新文化，尊重企业家和员工的冒险精神，改变传统的工作思维模式，为员工提供更好的工作体验，为员工赋能，发挥员工的积极性和创造性。组织文化并不是一成不变的，而是随着组织的战略、愿景、使命的改变而变化。用组织文化浸润员工，形成全体员工和组织一致的价值观，能够更好地为企业数字化转型提供动力。

2.2.4　流程变革

1. 企业流程变革

从前有座山，山里有座庙，庙里住着 7 个人，由于"僧多粥少"，经常有人因为饿肚子而牢骚满腹，于是，大家决定好好设计分粥的流程。

大家经过讨论，一致决定轮流分粥，每人值班一天，但是经过实践，他们发现一周只有一天可以吃饱，就是自己值班那一天。

于是方案被否定，大家决定找一个获得大家一致尊重的人来分粥，以避免自利行为。结果是，这个人产生了不公正的行为，谁和他关系好就可以吃饱，导致大家都去讨好他。

方案再进行优化，这次把人分两组，一组负责分粥，一组负责监督。这样就做到了公平。但是，也会出现两组意见不一致的情况，互相争论，等争辩出结果，粥早就凉了，内耗严重，效率低下。

最后 7 个人深入分析了失败的原因，设计了一个新的分粥流程，这次的流程和第一个方案类似，还是轮流分粥，但是分粥的那个人要最后一个领粥。这样基本解决了分粥的公平性问题。

我们从上面的案例可以看出，同样的人，应用不同流程可以得到不同的结果。企业亦如此。企业的资源是有限的，如何利用有限的资源争取最大的利益是流程设计的核心。企业的流程好比人的经络，是将企业各个部门、人员联系起来的生命线，承载着企业信息流、物流、资金流等的数据在不同部门之间流转。在数字时代，得数据者得天下。中医云：通则不痛，痛则不通。如果企业的经络不通，数据的传输受阻，就会降低企业的竞争力，这时就需要"舒筋活血"，对流程进行变革，不仅仅是业务流程，还包括管理流程。

数字企业最大的特点是敏捷性——决策的敏捷、服务的敏捷、运营的敏捷。数据畅通有助于形成富有智慧的洞察，提升用户体验。这对企业的流程提出了一定的要求。流程变革，需要面向用户，捕捉用户的诉求，将用户的诉求转化为价值需求，进行端到端的拉通，基于流程去梳理组织，通过资源的优化配置来支撑流程的顺利进行，最后通过数字化技术来提高流程的运作效率。

（1）重构业务流程。

从动量理论和黑云、美的等的案例中我们可以看出数字化转型始于业务的转型，业务转型是数字化转型的第一步，而业务单元的运行需要相应的业务流程来支撑，所以，要深入业务进行流程变革，使企业的业务流程、人员、技术协调一致，形成一个可持续发展的有机整体，从而让业务流程重构驱动企业数字化转型。传统企业，按照研发、采购、生产、销售等既定的流程进行作业，流程与流程之间有断点，效率低下。如今，数据作为新的生产要素推动企业业务的开展，数据来源于业务，流程是数据流转的通道，为了保障这个通道不被堵塞，需要我们改变作业方式，重构业务流程。企业需要深入业务各场景，从全流程、全场景、全价值链的用户体验视角设计业务流程，打破原来流程的边界；保持业务的持续稳定增长，提高业务竞争力。

黑云在做数字化之始就处在自建系统还是外购系统的十字路口，但是陈冠义认为外面开发的产品和黑云的流程不匹配，缺乏针对性，需要付出很多的精力去适应，无法真正解决黑云的痛点和堵点，所以选择自主研发这条道路。陈冠义以总设计师的身份亲自参与项目的开发，带领团队到车间观察每一个业务流程，调试系统，使其与业务流程匹配。他曾强调："只有围绕业务场景展开，才能算一个深度定制的系统，这个系统才能真正嵌入生产流程，才能产生价值。"在他的推动下，黑云打造了完善的物料清单系统，并将制造流程每一个业务单元纳入管理系统，做到可以监测产、供、销的全部流程。

此后基于 iOS 的 App 管理系统上线，所有的业务流程和管理流程都被集成于系统，采购、生产、质检、销售、人力、财务等模块整合到一起，实现了标准化管理。

（2）组织与流程的关系。

组织与流程，是流程重要还是组织重要？是先有组织后有流程，还是先有流程后有组织？这其实是个鸡生蛋、蛋生鸡的问题。流程和组织并不是对立的关系，也不涉及谁比谁更重要的问题，而是相辅相成，相互影响。它们都是为"客户价值最大化"服务，流程的优化可促进组织的柔性化发展，组织的柔性化发展则通过内部各种作业流程来实现。流程横向拉通了创值的价值链，组织纵向协调了企业的创值资源。当外界的生存环境发生变化时，组织会应战，随之人事、流程、绩效都要做相应的调整。比如我们耳熟能详的平台型组织，正是数字经济的产物，是企业适应数字经济的发展而产生的一种组织架构。这种架构在流程再造的推动下，横向做到了端到端的拉通，提高了围绕客户创值进行生产和服务的能力，让组织充满活力；纵向打通了部门之间的壁垒，使得组织能快速响应。这是一种自驱动、自管理的新型组织模式。如图 2－3 所示，平台型组织通过流程梳理，使杂乱无章、相对独立的部门变成了有机整体。

（3）流程变革中的风险应对。

不破不立，流程变革是"破"与"立"的过程。好的流程横向到边、纵向到底，动作细、时间明确、责任清晰、相互纠错、方法统一。做流程设计时一定要细化到每一个节点及其信息输入、信息输出、关键行动描述，明确各节点责任人及相应的职责；流程节点及操作避免重复，尽可能实现系统自动化调整，将内控嵌入系统流程，减少人为操作。

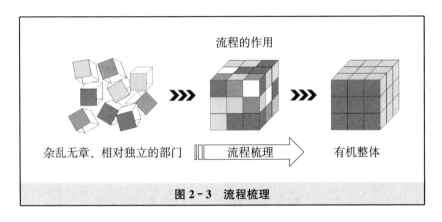

流程的作用

杂乱无章、相对独立的部门 ‖ 流程梳理 → 有机整体

图 2-3 流程梳理

同时，流程变革服务于数字化转型，要求从高层到基层改变原有的观念，必须有领导、有组织、有计划、有奖惩地分段实施，重构业务流程与组织管理，循序渐进地推动其向前发展。

2. 财务流程优化

在新技术的推动下，企业的数据呈指数级增长，数据是数字经济时代重要的生产要素，充分挖掘数据的价值是提高企业核心竞争力的关键。根据动量理论，企业的业务信息顺势而为都流入财务的大海之中，所以财务作为天然的数据中心，需要按照一定的流程、规则对数据进行收集、加工、处理。传统的财务更关注历史数据，通过信息系统和流程收集数据，并将数据转化为财务报告。但是其中的数据至少是一个月之前的数据，当信息使用者使用财务报告做决策时，信息在相关性、实时性等方面已经无法满足利益相关者的需求。传统的财务流程脱离业务实际，不能实时反映企业经营的情况，也难以满足数字经济时代的管理需求，对落后财务流程的优化就具有十分重要的价值。

财务流程的优化是企业流程变革的核心，财务流程的优化以赋能业务为目标，通过信息技术手段，对企业财务工作过程进行优化，保证信息的有机整合，解放人力，提升数据质量，释放数据价值，让数据更加有效地驱动业务，以提高财务运作效率。

新奥集团作为一家业务板块丰富、子公司众多的大型集团企业，其财务共享中心日常业务种类繁多，且有相当一部分业务流程依赖于人工完成，员工工作强度大、耗时久。财务人员从月结、发票校验、票据扫描、报表审核，到银行回单核对、收据报销、业务咨询等，面临着以下困扰：（1）各种票据需在人工识别后才能进行后续账务处理或数据统计。（2）依然存在长链条的业务咨询，客户咨询业务员，业务员咨询财务，财务查询系统后再逐级反馈。（3）内外部系统间、线上线下仍存在诸多断点，需要靠人工进行跨系统的业务处理和数据统计，工作流、SAP、资金管理、银行等系统之间由于历史遗留问题无法打通，再加上数据海量，人为衔接断点将带来庞大的工作量。（4）票据审核、付款审核、差异核对、异常处理等诸多事项还需要人为进行干预。以发票校验业务为例，每个月有近6 000 次操作需要财务共享中心员工完成。同样，在自动月结的业务中，员工需按步骤执行企业业务月结程序，在出现异常时则根据报错信息通知企业进行处理，处理完成后重新启动月结程序，过程中出现的多次反复沟通影响了月结效率。

作为企业的核心职能部门，财务部门是直面海量数据的先行军。而财务工作所具备的高度规则性、严谨性和可重复性的特质，也使得其成为数智化转型中自动化技术的绝佳切入点。以财务共享中心为"撬动点"，新奥集团对全部财务业务场景进行自上而下的梳理，横纵向开发与筛选高价值的自动化需求。根据实际业务场景，新奥集团与IBM合作，将RPA与规则引擎等技术相结合，打造财务虚拟员工（"小奥助理"），同时结合文字识别、语言识别、自然语言处理、物联网、区块链等技术，提高工作效率，削减人工成本。

凭借其灵活、稳定、快速扩展的特性，RPA帮助新奥集团深入探索了数字时代人工和自动化的机器人的三重关系：

（1）代替：对于业务规则清晰的重复性劳动，由机器人代替人工完成跨岗位的多人操作、跨数据源的数据核对，提高执行效率，减少人为错误，释放员工宝贵时间及压力。

（2）新增：一些理想状态下应该完成的工作在现实中往往无法完成，比如随时监控银行账户，每收到一笔回款即通知相关人员并完成账务处理等，而通过机器人，实时处理成为可能。

（3）协同：把任务划分为适合机器人完成的和适合手工完成的两部分，将规则明确、重复性高、吞吐量大的任务交给机器人，异常处理以及需要创意和决策的任务则交由人工处理。

新奥集团的虚拟员工"小奥助理"在财务部门"入职"后，已经陆续承接了 12 个岗位共 50 多人的部分或全部工作，累计平均每天要完成 2 000～3 000 个任务，相比人工平均可缩短 60％的工作时间。感知层面 RPA 的应用，帮助新奥集团实现了超过 400 万元/年的成本削减。例如，报销流程在支持机器人后，实现了业务流程 90％的自动化，员工通过简单对话，20 秒即可完成出差申请，30 秒即可完成出差报销。同时，发票校验岗位目前已经完全交给虚拟员工负责，通过机器人配置对物资类回票、能源类回票、工程类回票以及寄售类回票等进行自动化处理。登录工作流系统进入回票任务池，按时间顺序逐笔核对回票信息是否合规，不合规单据在注明原因后转人工处理，合规单据将由机器人自动录入凭证信息，自动过账并记录凭证编号。机器人把业务流程中的数据断点自动衔接，且可保证 100％的正确率，改变以手工方式执行流程和手工流转数据的方式，1 位虚拟员工每月工作 12.5 天即可完成以往 4 位全职员工的整月工作量，在提升了数据实时性和联通性的同时，大幅降低了人力成本和时间成本，保证了业务的准确性和高效性。

感知层面数智软硬件〔RPA、光学字符识别（OCR）、文字识别、语言识别、自然语言处理、物联网、区块链等〕的应用，不仅使新奥集团财务共享中心能够更快速、更高效、更标准地完成工作，更可以最大限度地发挥员工价值，使员工专注于开展对企业有更高附加值的工作，进一步帮助企业降本增效。

财务共享服务的过程实质上就是财务流程再造的过程，财务共享中心通过标准化、流程化、集中化的财务作业处理，提升集团管控的力度、财务处理的效率，降低财务运作成本。财务共享建设通过流程梳理，制定一套标准化的业务处理流程，为下一步自动化、智能化应用打下良好的基础。

2.2.5 组织变革

1. 从科层制到扁平化

科层制的独白：

大家好，我叫科层制，是由德国社会学家马克斯·韦伯提出的，我的笔名叫"理性官僚制"或"官僚制"，我没有王昭君的绰约多姿、西施的沉鱼落雁、杨玉环的丰韵娉婷、貂蝉的国色天香，但是我不自卑，因为我有我的金字塔体形，从上到下依次为高层、中层、基层。这三层分工明确、依规章行事、权责划分清楚，我的特点是"高层决策，基层实施"。高层和基层的关系是指挥与命令关系，基层员工往往本着"各人自扫门前雪，休管他人瓦上霜"的原则做好自己的本职工作。

我伴随着技术变革而成长，图 2-4 是我的成长轨迹。以蒸汽机的改良和应用为标志的第一次工业革命带来了机械化生产，产生了工厂制。随着机械化程度的提高，产生了直线型（L 型）组织结构。19 世纪 70 年代，以电力、内燃机等的广泛使用为标志的第二次工业革命实现了电气化，企业需要大型的生产设备生产大批量产品以站稳脚跟，在这种情况下，股份公司应运而生。随着大企业的兴起产生了现代公司制度，相应地产生了职能型（U 型）组织结构。以计算机和互联网高速发展为标志的新一轮工业变革实现了自动化，在机械化和电气化时代，由于产品竞争环境简单，发挥规模效应、降低成本是组织的核心任务，直线型和职能型组织可以对环境的变化做出灵活反应。但是随着竞争的加剧，越来越多的企业采用多元化发展战略，企业规模和经营范围不断扩大，使得我不能很好地对组织进行横向协调，导致组织的交易费用大幅上升，这时我就进化成了事业部制（M 型）组织结构。

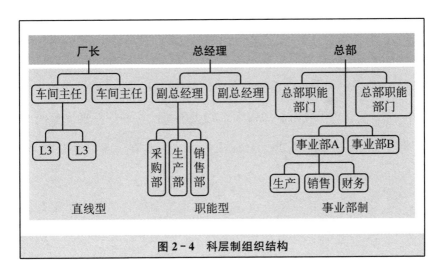

图 2-4　科层制组织结构

在企业不断发展壮大的过程中，我也变成了一个"胖子"，为了提高管理效率，管理者会设置新的部门来应对企业的扩张。新部门的设立会带来管理机构数量的增加，也有可能增加新的管理层级。我变"胖"之后就变得行动迟缓、反应迟钝了。有一次子公司发现了好的投资项目，它就发起了申请，需要子公司的业务、市场、法务、财务、人力等部门层层审批，部门审批之后子公司的决策者审批，之后流转到集团 CFO，最后是CEO，经过这个冗长的流程后，机会也被耽误了。我看着也心急火燎的，但是无能为力。我想了好几天问题出在哪里，最后发现是我太"臃肿"了！

科层制组织结构是规模经济的产物，但是当企业的规模扩大时，组织的层级会随之增加，加上严格的规章制度带来的各种流程的束缚，组织的信息传递会变得冗长、滞后，从而增加了内部交易费用，降低了规模经济效应。在数字经济时代，云计算和人工智能等新技术的发展，让信息的传递跨越组织的边界，从"龟速"转变为"光速"，消费者的需求也变得更加个性化和多样化，而激烈的市场竞争和内外部复杂的环境给组织带来了很大的挑战，站在发展变革的十字路口，企业应建立起能更好适应环境、快速响应的敏捷型组织，提升自身的竞争力。

纵观历史，每次技术进步带来的工业革命或变革都会引起企业组织模式、生产模式和管理模式的变化，促进企业组织变革。从以蒸汽机的改良和应用为代表的第一次工业革命的爆发，到以人工智能、大数据等新技术的涌现和应用为代表的工业 4.0 时代的到来，企业的组织从直线型发展到职能型、事业部制，再到高效的扁平式，组织的形式更加灵活多样，敏捷、赋能和开放是数字企业组织架构的典型特征。组织的无边界化、沟通的无障碍化、去中心化成了组织变革的新发展趋势。

数字时代的组织，是集"透明化""小型化""网络化""协同化"于一体的扁平组织，信息公开透明，管理层实施可视化管理，作战团队小，反应敏捷。

（1）新奥集团"蜂窝式"组织模式。

2020 年，新奥集团总部正式转型为平台公司，并更名为新奥新智科技有限公司（以下简称"新奥新智"）。新奥新智与集团其他众多职能公司不再属于传统子公司的范畴，而是采用托管的形式为集团下属实业公司提供服务。这一组织架构变更，将传统控股关系转变为市场关系，不仅大幅提高了职能公司的独立性，使之充分成长，也对新奥新智的研发能力、管理能力提出了更高标准和考验，促使其在数智化技术上进行更深入的开发。

通过"蜂窝式"的组织模式，新奥集团的业务活动不再需要经历"串联"的层层审批，而变成了"并联"的价值创造型。比如子公司发现了一个投资项目，就可以将这个项目的信息上传到系统，系统会将信息自动推送到法务、财务等相关负责人的界面，他们作为专家提供专业的判断和意见，同时会推送给决策者进行决策。这个并联的信息传输和决策过程不仅节约了时间，提升了效率，而且CFO 可以从系统中看到员工是如何发现这一项目的，他们花了多长时间，贡献了什么能力，创造了什么价值。

新奥集团将原有割裂式的人才"竖井"转变为一体化运作，员工角色因客户需求而产生、为客户创值场景而存在，而不再是基于流程、组织架构。从运行效率层面来看，采用流动式、数字化的管理结构，以及"蜂窝式"的团队协作模式，将不同模块、不同技能、不同知识背景的员工结合在一起，可最大限度地发挥人、财、物的作用。从员工激励角度来看，通过机会共享，这一类似"抢单激励"的制度，让员工能力与绩效考核直接挂钩，督促并激励财务人员快速转变思维模式和改变工作习惯。从绩效考核层面来看，借助数智技术对每个场景全流程、全时长的记录，每位人员的价值创造活动得以被量化，每个人将获得全方位多角度的标签而不单是主观的上级评估。

（2）美的的"789"工程。

天下大势，合久必分，分久必合。美的的组织变革也一样，从创业之初的直线型到职能型，再到"集权有道、分权有序、授权有章、用权有度"的事业部制，再到"去中心化、去科层化"平台事业部制，分分合合，核心目的其实只有一个，就是提高效率。美的设立 7 个集团总部平台、8 个职能部门、9 个事业部，纵向上强化战略管控，撤销二级产业集团，事业部直接向集团负责；横向上加强业务协同，18 个事业部合并成 9 个事业部，提高资源配置效率。现在的美的，从一位普通员工到方洪波这个层面就四级。通过组织改造，形成了前后端人的协同，敏捷性、韧性、灵活性都得到了一定程度的提高。

（3）黑云扁平化组织。

在黑云，员工可以通过实时、透明的数据做出生产、经营决策，不需要询问其他部门的员工，节约了组织间的沟通时间，在较少的管理层级下完成生产任务；对于陈冠义来说，他通过系统能迅速掌握业务端的情况，如果发现有异常，不用层层找原因，只需要找到负责人，因为黑云系统每一个步骤都记录了负责人。在黑云没有多层级的审批，很少开例会。黑云缩短了管理层级，400 人左右的规模，管理层级控制在 3～4 层。

扁平化的组织结构并不是缘于刻意、机械地压缩组织层级，而是需要打破原有的部门界限，企业资源和权力下放到基层。正如任正非所言：让听得见炮声的人决策。前端员工无须经过中间层次，就能直接面对客户需求，打造高效协同的组织运行机制，让信息可以在组织内畅通无阻地传递，提高企业对市场、用户、不确定的环境变化的响应灵活性。

2. 平台型财务组织的变革

传统的企业财务部门是企业的后勤保障部队，只需要"做好账、看好家、管好钱"就可以，但是在数字时代，替代式竞争驱使企业进行管理创新，价值共创、共享成为新的经营理念，企业的组织已从层级化变成了扁平化，财务部门也由"后勤部队"变成"战略支持部队"，是价值的创造者和守护者。任正非对华为财务的定位是：建立一个全球性的服务、管理与监控体系。财务人员不是账房先生，而是价值整合者。一是要理解企业的战略和业务，二是要有"以客户为中心"的思维。创造价值、赋能业务是数字企业财务部门的核心任务。那么企业的财务部门应如何转变为一支精锐的战略支持部队，支持前端业务的快速扩张和商业模式的变化，为客户创值？这是每个CFO要思考的问题。

瑞幸咖啡于2022年第一季度打了一个漂亮的翻身仗，其发布的未经审计的2022年第一季度财报显示，第一季度总净营收为24.046亿元，同比增长89.5%。截至2022年1月，星巴克的中国门店总数为5 557家，而瑞幸咖啡在2021年第三季度，门店数就达到5 671家，超过了星巴克。在之前两年中，瑞幸咖啡在战略、运营、管理机制等方面进行了颠覆性的改变。支持瑞幸咖啡前端快速开店的正是财务部门这支精锐的战略支持部队，瑞幸咖啡可以实现一键开店，在集团的系统里，可以瞬间开设账套，马上运行，马上关闭，与业务部门进行实时对接，数据的分析可以快速反馈到前端业务。这支战略支持部队可以通过财务共享这种模式来培养和建设。

传统财务组织是分散层级式的（见图2-5），集团有财务部，子公司有财务部，分公司有财务部。在这种重资产（我们也可以称"重军团"）的模式下，当企业要去拓展新业务时，必须重新建立一套相应的销售、研发、财务部门，这种模式投入成本高。前端业务在快速奔跑，但是后端的财务可能跟不上步伐，最终企业会筋疲力尽。上上策是将财务集成到总部，作为一支精锐的战略支持部队，来支持前端业务的快速扩张。

财务共享服务是依托信息技术，打破组织壁垒，将企业中重复性高、易于标准化的财务业务进行流程再造和标准化，由财务共享中心统一处理，以达到降低成本、提高业务处理效率、强化企业管控等目的的分布式管理模式。① 财务共享服务模式重新规划财务部门的职能，利用专业化分工，通过流程再造和组织的变革，对内和对外提供标准化作业来获取规模效益。

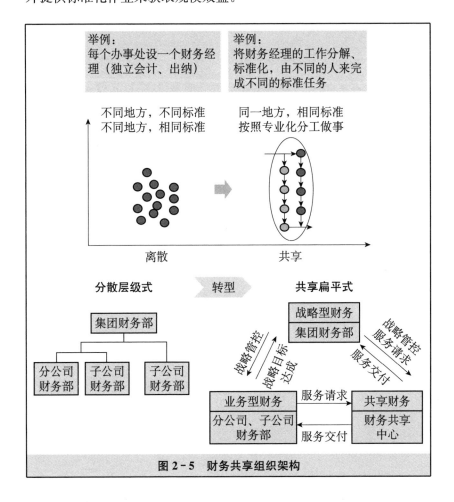

图 2-5 财务共享组织架构

---

① 卢闯 . 财务共享理论与实务 [M]. 北京：中国人民大学出版社，2021.

财务共享服务模式有三大支柱：战略型财务、业务型财务、共享财务。战略型财务处在集团层面，主要起着战略管控的作用，优化资源配置；业务型财务深入各个业务部门，为业务单元提供经营决策支持，支持集团战略目标的达成；共享财务主要是发挥核算功能，为战略型财务和业务型财务提供基础财务服务。通过财务共享，可将财务人员从繁杂的重复性工作中解脱出来，让财务和业务紧密相连，使财务人员了解业务的运行情况，把核算和监督从事后转移到事前、事中，为企业创造更多的价值。

这里要问大家一个问题：将企业分公司、子公司的财务集中起来是共享吗？

如图 2-6 所示，财务集中只是财务管理人员物理位置发生了变化，其制度、流程及服务提供均参照原来的标准执行。而共享是资源整合、提高利用率的过程，汇聚了分散和集中的优点，从根本上解决了"大企业病"的资源浪费、组织惰性问题。财务共享服务强调专业化分工和规模效应，完成企业观念、流程、人员、组织及系统的再造，完全打破原有流程和组织架构，比如费用审核团队的一名员工，不是对某一子公司的全部费用进行审核，而是对全球所有子公司的某一类费用进行审核。

通过财务组织的重构，将分散财务转变成平台型财务，可将财务从烦琐、重复、低价值的工作中解放出来，使其深入了解业务，做战略规划。这提升了财务的敏捷性，使其可以前瞻性地服务不同的专业或地域；降低了财务运作成本，增加了财务的灵活性；使财务更加专业化，对信息的管理与利用紧密结合业务，促进价值创造；使管控更加精准，财务与业绩信息准确性提升，降低业务风险。

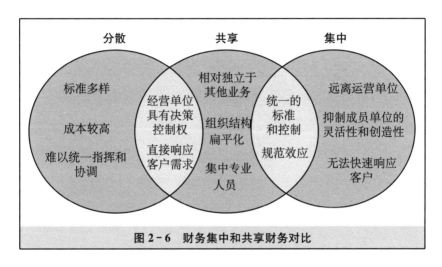

分散　　　　　　共享　　　　　　集中

标准多样

成本较高

难以统一指挥和协调

经营单位具有决策控制权

直接响应客户需求

相对独立于其他业务

组织结构扁平化

集中专业人员

统一的标准和控制

规范效应

远离运营单位

抑制成员单位的灵活性和创造性

无法快速响应客户

图 2-6　财务集中和共享财务对比

2.3　数字化转型的管理变革

文化变革、组织变革、流程变革是数字化转型的前提，属于数字化变革的起步阶段，基础搭建好之后，需要的是如图 2-7 所示的运营模式变革、商业模式变革、绩效考核变革。

2.3.1　运营模式变革

后新冠疫情时代，依靠科技推动变革来应对危机和不确定性成

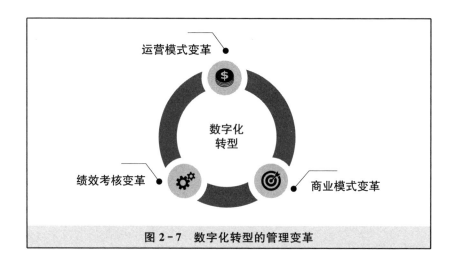

图 2-7 数字化转型的管理变革

为主流。人工智能和数字技术的深入应用、用户需求的快速变化、
市场的持续起伏，让企业在客户体验、品牌感知、营销渠道等方
面面临更多挑战，传统的"用人去解决企业运营问题"的运营逻
辑已无法满足数字经济的时代要求，要转变为"用数据去解决企
业的运营问题"，运用数字化技术，以"客户为中心"，打通从设
计到服务、从客户到生产、从前端到后端的"横向、纵向和端到
端"数据流通渠道，实现企业的一体化运营管理，降低企业运营
成本，提高运营效率。如图 2-8 所示，企业要构建包含定制服务、
柔性生产、精准营销、韧性供应在内的、为客户提供敏捷服务的
运营体系。

1. 定制服务

以智能化、云消费场景为代表的"无接触式场景"将成为后新冠

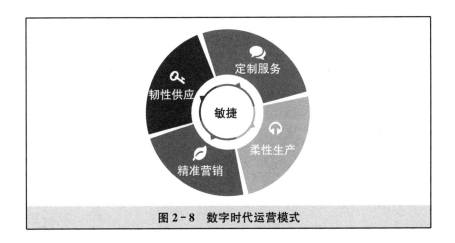

图 2-8 数字时代运营模式

疫情时代的主要消费场景。自助化、智能化的数字化消费方式驱动企业积极参与数字化转型。在数字技术的推动下，数字化改变了消费者的行为习惯。消费者的个性化需求得以充分释放，消费者看重的不只是某些具有物理功能的产品，还包括体验和服务，更愿意为体验和服务买单。随着销售渠道的多样化，如直播带货、社区团购等新型消费模式的出现，消费者有了更多的选择。消费者的多元化和个性化需求给企业的运营管理带来了一定的挑战，企业需要对消费者有更深入的了解，对消费者的消费需求进行深入挖掘。成功的数字化转型能够给企业挖掘用户价值提供良好的支撑。

需求预测是企业挖掘用户价值的第一步，也是运营管理的基础。转型之前由于技术应用的限制，企业很难准确预测用户的个性化需求，但是在移动互联时代，消费者的各种消费情绪、行为习惯都能被洞察，而这些正是消费者多样化需求的直接表现，企业通过强大的数据、算法、算力，可以更加准确地预测顾客的需求。^① 比如今日头条的算法可能比你更了解你自己。张一鸣曾说："信息展现完全基于数据驱动，通过大数据挖掘，对用户浏览、收藏、转发、评论新闻资讯的行为不断进行智能分析，再结合用户的阅读习惯、阅读时间、阅读位置等多个维度，可建立起个人用户模型，为用户提供每时每刻最值得他关注的资讯。"

在洞悉消费者的需求之后，需要完成产品设计，数字化技术能够提供更加高效、贴近消费者需求的定制化设计服务，从而以快速、敏捷、低成本的方式实现个性化设计。

"用户直达"是美的的主要战略之一。美的以用户需求和用户体验牵引零售转型，不断重构零售体系，构建面向终端零售的用户直达。这主要涉及以下方面：一是以用户体验为牵引，精准切入用户消费场景，搭建起覆盖全渠道的专卖店网络，在国内的建材家装渠道累计建成逾 900 家智慧家门店，并进一步深化与头部家装企业合作，在区县级市场布局超过 2 500 家旗舰店，在乡镇级市场建成超过 11 000 家多品类店；二是面向零售环节，以家装用户为中心搭建沉浸式全屋家电 3D 样板间，提供漫游式购物体验，实现精准推荐及专属智能导购，聚焦套购提升，搭建家装套购服务链路和专属权益体系，向家装家电一体化服务转型，为家装用户提供省时、省钱、省心的全面解决方案；三是推动产品结构优化，通过数据洞察精准识

---

① 陈剑，黄朔，刘运辉. 从赋能到使能：数字化环境下的企业运营管理［J］. 管理世界，2020（2）：117－128，222.

别用户需求，利用新玩法驱动新兴品类增长，提升智能场景运营能力。

2. 柔性生产

柔性生产是 1965 年由英国的 Molins 公司首次提出的，是针对大规模生产的弊端而提出的一种按需生产模式。这种生产模式提高了制造企业的灵活性和反应能力，缩短了生产周期，降低了产品成本，提高了企业生产效率。

随着工业化进程的加快、消费结构的转型升级，传统的批量化、大规模生产的模式很难满足客户个性化、小批量的订单需求。工业互联网、人工智能、机器学习等数字化技术让个性定制、小批量的柔性生产模式成为现实。传统的刚性自动化生产模式灵活性差，如果市场需求发生变化，硬件的更换成本就比较高，无形中增加了企业的成本压力，难以提高企业的竞争力。与传统的模式相比，柔性生产能够在不同品种、不同需求、不同规模的生产之间任意切换，降低了企业的转换成本、运输成本、机会成本。企业可以根据消费者的个性化需求和实时的市场反馈配置生产要素，制订合理的生产计划，有效释放产能。

（1）生产端数字化，全过程可跟踪。

黑云通过软硬件的完美配合，实现了 100％业务数字化。黑云在硬件上利用机器臂、自动传输带、生产机器人等智能化设备，配合黑云自主研发的 App，处理运营过程中的各种信息，让黑云的管理逐步做到了精细化。

当一个订单产生之后，看板上会显示所有与这个订单相关的物料和工序，与这个订单相关的员工就会看到订单的详情，用料配比、用料的程序等一目了然。不仅如此，各条生产线的每道工序旁边都有看板，显示每道工序的运作情况。生产主管可以根据大屏幕的信息安排生产，分析各生产环节的效率，判断能否按时交工，当发现效率降低时，及时分析原因。黑云生产看板如图 2-9 所示。

图 2-9 黑云生产看板

对于中小型制造企业来说，黑云最大的核心竞争力是研发出了一套适应少量多样生产的系统，通过数据的拉通实现了最小的库存占用。当材料入库时，系统会给材料分配一个编号，通过一定程序的检查，合格后完成入库，仓库中的电子屏会显示这批材料的位置、入库时间，会有库存积压的预警提示。这些信息会实时地反映到管理者的系统界面，大大节省了库存盘点时间。当材料出库时，系统自动生成出库单，告诉员工去哪个仓库哪个位置拿多少材料，员工通过扫描包装箱的二维码来核对出库信息。通过这样的操作，库存的管理更加透明，在降低存货积压成本的同时提高了生产效率。

（2）数字化技术帮助实现柔性生产。

美的集团经过数字化转型升级后，形成了从用户洞察到产品研发、采购、生产、销售一体化的"T＋3"模式，以数据为中心将研产供销业务连接起来，从生成订单到交付客户，7 天左右的时间就能完成。美的在"T＋3"模式下从"以产定销"转变为"以销定产"，实现了"以消费者为中心"。通过自研智能混流排产算法，计划排程效率提升 75％，工厂资源配置效率提升 8％，生产效率稳步提升。

3. 精准营销

在工业化时代，企业围绕产品、价格、渠道、促销制定企业的营销战略，这种粗放式营销通过铺天盖地的广告宣传，确保用户记住产品，常常会遇到获客困难、用户的黏性降低、无法精准找到目标用户等问题。数字时代，营销不再是单一地"拉新获客"，而是运用数字技术深入洞察消费者行为，为消费者精准画像，基于客户全生命周期价值而精心设计的行为。

精准营销的本质是深入挖掘消费者数据，通过"数据＋算法＋

算力"分析消费者的行为和习惯，赋能业务发展，从而提升企业的竞争能力。端到端的业务实时在线、全场景触达、全链路数字化是精准营销的关键。在信息化时代，由于数据采集、挖掘技术的局限，很难实现高度碎片化的消费者需求的全局可见、业务的实时贯通、销售预测与敏捷响应等营销闭环。数字化技术让企业的营销模式更加精准化、精细化，可以打造更便捷的用户体验。

精准营销的基础是全渠道营销，即通过多元化的营销渠道满足用户多元化需求，与用户进行全方位沟通，给予用户一体化的消费体验。在这个过程中，企业收集用户的行为数据并记录于系统之中，形成用户画像，这些信息成为企业制定营销决策的重要依据。美的的华凌品牌打破传统家电模式的束缚持续深耕年轻用户，以创新产品为核心，面向更多不同文化圈层的年轻人进行年轻化品牌营销传播。通过创新设计和更具智能化的用户体验，华凌品牌在空调、洗衣机、冰箱以及厨房与生活小家电等品类中位居行业前列。2021 年，华凌洗衣机在"6·18"期间推出单款爆品，通过直播曝光等营销方式，全网当天销售 3 000 台，整月销售额达 1 000 万元。"双 11"期间华凌洗衣机销售额突破 5 000 万元。华凌冰箱推出耀目蓝系列产品，统一视觉设计语言，获得快速增长并改善了整体销售结构，2021 年"双 11"期间通过跨界连麦直播、场景化内容"种草"等营销新玩法实现销量突破 4 700 台。除此之外，"6·18"期间，华凌冰箱旗舰店短视频内容进入天猫品牌短视频前五榜单。①

---

① https://static.cninfo.com.cn/finalpage/2022-04-30/1213264815.PDF.

"拼多多，拼多多，拼得多，省得多"。拼多多是 2015 年由黄峥创立的电商平台，截至 2021 年底，活跃买家 8.69 亿，2021 年全年成交额为 24 410 亿元，较 2020 年增长 46％。其快速成长的背后，离不开数字化技术的支撑。拼多多致力于为最广大用户创造持久的价值，将用户的需求放在第一位。在创立之初，拼多多借助国内流量最大的微信平台，通过低价、团购模式匹配用户的需求，迅速获得了大量用户。有了前期用户的积淀，拼多多通过其 App 的"拼小圈"发挥其社交功能，持续吸引新的流量用户，砍价、拼团的新玩法让消费者既是买家，又是玩家，这种方式极大地提高了用户的转化率，使拼多多实现了快速的发展和扩张。基于机器学习和新的算法，拼多多可以根据用户的基本特征、消费习惯、浏览的信息等构建用户画像，对用户需求做预测，从而提供个性化的推荐服务。

4. 韧性供应

2022 年 4 月 9 日，蔚来汽车发布公告称：自 3 月份以来，因为疫情，公司位于吉林、上海、江苏等多地的供应链合作伙伴陆续停产，目前尚未恢复。受此影响，蔚来整车生产已经暂停。由于上述原因，近期不少用户的车辆会推迟交付，还请大家谅解。一个月之后，即自 5 月 10 日起，蔚来对旗下产品价格进行调整：ES8、ES6 及 EC6 各车型起售价上调 10 000 元。5 月 13 日，蔚来汽车发布公告称，受近期全球原材料价格持续上涨影响，自 2022 年 5 月 23 日起，蔚来 ET7 全系车型涨价 10 000 元。

2022 年 3 月 18 日，小鹏汽车发布公告称："受上游原材料价格持续大幅上涨影响，小鹏汽车将对在售车型的价格进行调整，补贴前售价的上调幅度为 10 100～20 000 元不等。"4 月 14 日晚间，小鹏汽车 CEO 何小鹏说："如果上海和周边的供应链企业还无法找到动态复工复产的方式，5 月份可能中国所有的整车厂都要停工停产。"

在新冠疫情大考面前，不仅仅是车企供应链面临重重挑战，其他行业也受到了不同程度的影响。水晶光电在回复投资者提问时指出，国内疫情出现局部规模性暴发，对公司造成了部分影响，主要体现在物流等领域。上游材料供应商停工停产、物流停运、核心原料短缺、原材料涨价、存货积压或短缺风险和管理成本增加等因素都降低了企业的供给能力，使企业面临"断供"危机。除此之外，国际环境的不稳定、消费需求多元化、技术进步等使各行各业的供应链风险增加，为企业供应链的良性循环制造了新的难题。

经济学家帕拉格·康纳在《超级版图：全球供应链、超级城市与新商业文明的崛起》中写道："在 21 世纪，供应链是一种更深层次的组织力量，谁统治了供应链，谁就统治了世界。"如今的供应链已打破了早期的采购、生产、销售的内部界限，变成由供应商、制造商、仓储商、运输商、分销商以及终端客户等多个主体组成的跨界生态系统，这个生态系统的参与方互相连接、相互影响。增强供应链系统的韧性，提高企业供应链快速响应和恢复的能力，是应对不确定性、提升企业竞争力的良方。

供应链的韧性，是企业抵御风险的能力和从中快速恢复的能力。

用通俗的话来说，在突发情况下，供应链要依然能够"有料供生产、有力保生产、有物流送产品"，这个能力可以避免企业因供应链中断而停工、停产，帮助企业渡过危机。

供应链数字化可以增强供应链的韧性。数字化技术可以帮助企业找到供应链中的潜在风险和发展瓶颈，从而提升供应链韧性。2021 年 10 月，商务部、中央网信办和国家发展改革委发布的《"十四五"电子商务发展规划》指出，"全面促进产业链供应链数字化改造""支撑全球产业链供应链数字化"等，为增强供应链的韧性提供了有力支撑。数字化变革能够改善工艺流程、优化供应链，将供应链端到端的决策可视化，使信息流、物流、资金流、服务流等协同流动，提高存货管理水平，从而优化供应链结构和生态关系，提升抵御风险能力，保持快速高效供应。

2.3.2　商业模式变革

2011 年，高德纳公司（Gartner）对数字（digital）和数字化（digitalization）做出了定义，指出数字化是利用数字技术来改变商业模式并提供新的收入增长和创值机会。从定义中我们可以看出数字化会带来商业模式的改变，从而为企业创值赋能。商业模式是对企业各种要素和资源的整合和优化，从本质上看是企业创造价值的逻辑。[①] 数字技术驱动改变了企业原有的价值获取和价值创造的方

---

① 原磊. 商业模式体系重构 [J]. 中国工业经济，2007（6）：70－79.

式，提升了企业的竞争力。

传统的商业模式通过供应—生产—经销—零售的流程实现产品的价值，即企业通过改进生产技术、规模化生产来降低产品成本、提升产品的使用价值，然后通过广告等营销手段对产品进行宣传，提升品牌的知名度，说服消费者购买产品，经过层层的代理分销将产品销售给消费者。在这种模式下，一方面，企业面对上游原材料的紧缺和核心技术的缺乏，产品同质化严重，竞争越来越激烈，利润也越来越薄。另一方面，消费者从关注产品的好用与否转到注重品牌以及追求体验感和参与度。传统商业模式下消费者无法参与到产品的生产环节中，需求无法及时反馈给生产者，供给和需求常常不匹配。顾客、合作伙伴和企业的创值空间越来越小。近年来，大数据、人工智能等新技术的应用改变了企业价值的创造方式。比如基于前期大量的销售数据、用户销售行为数据，形成智能算法，让商品的推荐更加精准和个性化。机器甚至比用户更了解用户想要什么，能够真正做到用户直达。数字技术的深入应用从根本上改变了传统的规模增长主导的商业模式，企业核心竞争力从过去的"传统制造"变成了"服务＋平台"的智能制造。

1. 财务数智化转型助力企业价值创造

财务部门掌握着企业从业务经营到管理决策的大量核心数据，在推动企业数智化转型过程中具有得天独厚的优势。从企业过往的信息化、数字化进程来看，从会计电算化到 ERP 推广普及，在企业战略升级和转型的进程中，财务部门起着引领推动的作用。以财务数智化为突破口，开展企业整体的数字化转型，将成为企业未来数字化转型的主要路径。财务部门应利用大数据分析、机器学习等技术，拓展财务在知识赋能、风险预警、数据洞察等方面的职能，通过数据对标，直击财务及业务问题，提前预警；通过内外部大数据结合分析，知己知彼，提供高质量的参考信息和商务洞见；基于庞大的数据基础以及高效的机器学习、决策模型，通过实时抓取、分析经营与管理过程中的价值数据，从经验依赖的分析决策过程转变为客观数据依赖、历史统计支撑，进而高效、准确地支撑管理者做出战略决策并使决策更好落地。

新奥集团从客户需求等出发，基于创值全场景资金循环，以"花好钱、赚好钱、收好钱、守好钱"为主线，利用创值运营长效机制，设计了一系列智能财务创值产品，通过统揽"钱"创值循环全周期，进行动因层层分解、数据层层穿透，从三方面实现财务支撑业务、财务赋能业务，如图 2 - 10 所示。

（1）实时显差，精准掌握资金创值动态，及时进行风险预警和风险管理；

（2）穿透数据，快速定位偏差原因，并依赖数智产品开展高效科学决策；

（3）实时获能，基于问题分析和解决方案，做到资源和赋能快速响应，辅助建立实时调动资源解决问题机制。

上述三个方面具体实施途径如下：

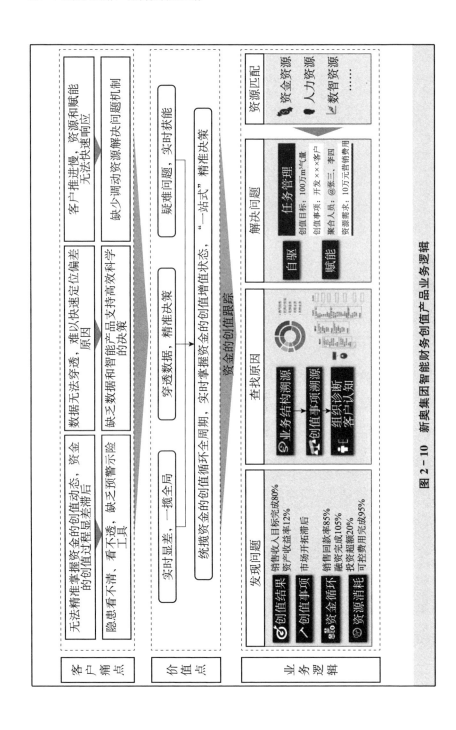

图 2-10 新奥集团智能财务创值产品业务逻辑

（1）财务部门可以实时通过智能财务产品中的创值看板多维度、全方位地掌握各环节动态。创值看板将基于现场规则，通过红黄绿灯进行业态监察，若出现黄灯提示或红灯警告，则意味在创值结果（例如销售收入目标、资产收益率）、创值事项（例如市场开拓进度）、资金循环（例如销售回款率、融资完成度）、资源消耗（例如投资超额占比、可控费用完成比）等方面超出预期或有此种风险。与此同时，系统会自动、实时将上述警示信息通过邮件、站内信等形式发送给具有相应职能、权限的部门和员工。

（2）基于数智中台的基础数据、数据间逻辑等，系统将通过一系列偏差分析，对财务指标偏差进行业务底层原因追溯。以收入为例，假设某季度销售收入仅达到预期 80%，创值看板显示红灯警示，并根据收入明细数据进行原因分解（是否系销量未达目标、是否系低于市场价、是否系新产品上市效果不及预期等），若系销量未达目标，则进一步进行原因分解（是否系市场开发滞后、是否系竞争加剧、是否系产品质量不合格等）；若系产品质量不合格，则对底层采购数据进行进一步追根溯源；若系市场开发滞后，则将销售数据进一步追溯到不同业务结构、不同子公司或部门乃至不同销售人员。这样通过数智模型深层溯源查找根因，聚焦具体业务场景及个人。

（3）发现偏差并追根溯源后，系统将自动把纠偏结果传递到赋能平台，通过"创值分享""智能投""业问""iCome"等产品来实现任务协同、调动专家、配置资源，自动匹配并通知相关的部门、人员来解决问题。

在上述过程中，还将不断通过机器学习等技术对整体产品模型进行调查改进，不断完善和提高系统识别问题、溯源问题、解决问题的能力，进一步帮助财务赋能业务和管理。

2. 跨界融合助力价值共创

人工智能、大数据等数字技术打破了物理时空限制，降低了企业的交易成本。外部交易成本的降低提高了互补资源的可获得性，内部交易成本的下降提高了企业的管控能力，这也为企业跨界融合提供了可能性。[①] 信息技术已成为企业创造客户价值、延伸价值链的重要工具，企业借助数字化延伸产业链，进行跨界融合，从而谋求商业模式上的创新。

跨界融合不是传统企业以"产品"为中心的横向延伸，而是一种基于新技术、新渠道寻找跨越企业边界的市场机会，将创值向外延伸，驱使企业开展新业务的价值共创行为。尤其在后新冠疫情时代，面对着充满不确定性的经营环境，企业要具备更强的抗风险能力，通过跨界融合提升市场价值，建立不同于以往的渠道，建立独特的竞争优势，促进价值共创。如零售企业通过与上游工业、农业等的融合可以实现定制化生产，做到以产定销，创新供应链服务，促进物流、资金流、信息流等的一体化集成，赋能企业生态系统价值共创。

---

① 李文莲，夏健明．基于"大数据"的商业模式创新［J］．中国工业经济，2013（5）：83-95.

3. 美的"朋友圈"再扩大

经过数字化变革，美的围绕"数智驱动"，利用数字化技术和互联网思维颠覆原有的商业模式，创新流程、更新技术、迭代产品、布局渠道、挖掘市场，用软件驱动硬件，推动研产销变革，从传统制造企业蜕变成为 4 亿多全球用户提供实时高效的数字化体验的智能制造企业。

从企划、制造到仓储、营销、售后，美的将科技创新和产品体验深度融合，运用数字化技术直接打通产品生产和用户需求的阻隔，变革商业模式，从最初的"生产—制造—交付"的单一模式，发展为运用数字技术改变产品形态，用软件驱动硬件，追求内外价值链的联动，去掉中间层不增值的业务活动，根据需求前瞻性地开发产品，柔性化地制造产品，实现真正意义上的以销定产，最后再完成数字化服务的输出，形成用户、供应商、企业员工、分销商与其他合作伙伴共生共享的全价值链商业生态圈，如图 2-11 所示。

2.3.3　绩效考核变革

索尼的前执行董事天外伺郎 2007 年 1 月在日本《文艺春秋》上发表了一篇名为《绩效主义毁了索尼》的文章，指出因为实行了绩效主义，索尼的职工逐渐失去了工作热情，"激情集团""挑战精神""团队集团"渐渐消失了。文中指出：为衡量业绩，首先必须把各种

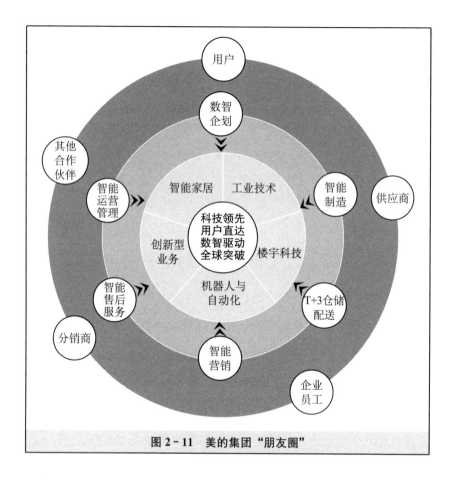

图2-11 美的集团"朋友圈"

工作要素量化。但工作是无法简单量化的。公司为统计业绩，花费了大量的精力和时间，而在真正的工作上却敷衍了事，出现了本末倒置的倾向。索尼公司不仅对每个人进行考核，还对每个业务部门进行经济考核，由此决定整个业务部门的报酬。最后的结果是，业务部门相互拆台，都想方设法为本部门多捞取好处。

导致索尼衰落的罪魁祸首可能不是"绩效主义"，但不可否认，"绩效主义"产生了一定的影响。索尼的"绩效主义"成为决定员工报酬的冷血工具，这个工具没有起到激发员工、团队创新热情的作用，反而成为扼杀员工工作热情的机器。传统的绩效考核更像一套控制系统，设置一套 KPI 来监控部门、员工的表现，然后予以奖惩。传统的 KPI 通常以"产品"为中心，围绕销售、利润、成本等进行分解，只盯住结果，不关注未来，同时由于技术限制，员工的创值过程无法详细记录，考核难以做到公平公正，实际的效果越来越差。

1. 传统绩效考核的现状与问题

（1）用于绩效考核的基础数据的可靠性和完整性无法得到保证。

目前，众多企业的绩效考核基础数据仍处于人工收集阶段，需要财务部、人事部、开发部等牵头收集基础数据并将其传递给总部负责考核的部门。在各牵头部门提供的考核数据中，有相当一部分数据直接来源于各业务单位，因此难免出现"由考核对象提供与其自身业绩相关的基础数据"的现象。业务单位有可能为了追求较高的考核分数，上报虚假的数据或者故意隐瞒某些会对其考核分数造成负面影响的事项。各牵头部门独立于各业务单位，对业务单位的具体情况了解有限。同时，单个牵头部门可能需要负责多个业务单位的基础考核数据的收集整理工作，受限于管理成本，牵头部门往往不会对业务单位提交的数据资料的真实性进行全面详细的审查。因此，牵头部门可能无法识别业务单位所提供的虚假数据和不完整数据。在此情况下，绩效考核基础数据的可靠性和完整性将无法得到保证。

（2）绩效考核结果的准确性和时效性不足。

集团总部的绩效考核人员在计算各下属单位的绩效考核分数的过程中，人工作业仍占据很大比重，使得考核数据计算结果的准确性无法得到保障，考核数据的时效性也不足：1）在考核结果的准确性方面，人工作业易导致考核分数的计算错误。虽然现在考核人员可用计算机办公软件来代替人工做加总等计算工作，但是大量的复制、粘贴和公式的设置等工作依旧需要人工来完成，也很容易出现差错。典型的出错方式包括将错误的数据复制到表单，将数据粘贴至错误的表格，以及公式设置有误或者公式不慎被修改但未被发现等。2）在考核结果的时效性方面，人工作业将导致考核工作效率低下，进而影响考核结果的及时报出。在目前的考核模式下，针对各下属单位的年度考核结果一般在下一年的 4 月、5 月才能报出，总部无法及时获知各下属单位的年度绩效情况，考核结果的实用性会大打折扣。

（3）绩效考核标准差异化不足，影响绩效考核结果的公平性及准确性。

一般而言，对于不同业态、不同性质的部门，考核标准应该有一定的差异。但是，由于针对下属单位的绩效考核工作仍处于人工阶段，较多的考核对象和较为繁杂的考核内容给考核人员带来了庞大的工作量。若提升考核标准的差异化程度，势必会使考核工作量进一步增加。受成本制约，很多企业考核指标的差异化程度较低。

这种"一刀切"式的绩效考核模式将严重影响绩效考核结果的公平性和准确性。

（4）绩效考核周期过长，且缺乏对考核对象的过程控制。

在人工考核工作方式下，基础考核数据无法及时获取。当企业下属单位数量较多、业态复杂时，考核数据的收集和计算工作将耗费考核人员大量的时间。同时，如果对下属单位进行月度或季度的绩效考核，企业将需要大幅扩大考核工作人员规模。基于成本效益原则，一些企业仅设置了针对下属单位的年度考核和任期考核。由于考核周期较长，企业无法对各单位实施有效的过程监督和控制。在此情况下，如果下属单位的负责人决策不当或者管理不善，但未能被及时发现和纠正，等到年度考核结果报出时，这些不当决策或管理行为可能已经给企业造成巨大损失。

2. 数字化绩效考核

在数字时代，企业可以运用数字化技术对公司制定的战略进行解码，然后通过数字化工具设定员工的 KPI，制定合理的绩效考核方案，整个过程透明化，能够打通业务、组织、绩效之间的信息流通壁垒，形成业务、战略、员工的协同发展，提升绩效考核效率，降低管理成本。

（1）以"透明"得人心。

减少内耗是数字化的目的。内耗既存在于员工之间，也存在于员工与老板之间，如老板对员工的过多的监督、奖惩。企业的管理者如果将大把时间和精力都浪费在处理这些事务上，将会疲惫不堪，降低工作效率。而数字化技术减少了人为操作的工作量，员工工作的业务信息自动记录于系统当中，与绩效考核相关的数据采集、绩效指标的选取和权重分配等，通过人工智能技术自动处理。这些技术的应用提高了绩效管理的透明度、公正性，同时建立了组织与员工之间的信任，提高了员工工作的积极性。

黑云的绩效考核做的是减法，没有复杂的绩效考核体系，没有很多的奖惩措施，黑云将所有员工的薪酬、奖金、工时、请销假等信息集成到系统，任何员工都能看见其他同事的薪资情况，这种透明的薪资制度降低了内部信息的模糊性，用透明的管理消除了员工与员工、员工与管理层之间的不信任感。同时在生产车间的看板上，员工的产值和效率一目了然，由于生产效率透明化、可视化、实时化，各个生产线、车间形成了良性的竞争，一旦发现有失误或效率低下，管理者可以通过系统排查是否有搭便车、员工偷懒等问题的存在，如果有，提出严厉警告，之后跟踪检查。正如陈冠义所说："在黑云，一切都是透明的。"因此滥用职权、徇私舞弊、暗箱操作等基本上无处藏身。

（2）以"实时"提效率。

传统绩效考核时效性差，数字化转型打通了业务前端和财务、人力等后台系统，显著提升了考核的时效性。在智能化办公系统中，每个员工的工作情况一目了然，数字化技术把员工的工作表现、行为和效果信息收集起来，借助计算机程序实现考核结果的自动输出与可视化，实现了考核的实时性，改变了一年一次的考核方式，实现了季度、月度的考评；同时由于实时反馈，很多问题便可以尽早发现、尽早干预，将管理做到事前-事中-事后全方位。实时的信息可视化使得绩效考核更加精准，效率更高。

（3）以"理正"促发展。

新奥集团提出了"理正"概念，基于这一概念，新奥集团将传统 3P（岗位、薪酬、绩效）转变为角色体系、标签体系、价值识别评估和分享体系。首先，根据不同员工的岗位、能力、特长、职能、权限等进行数字化、标签化管理，并将此部分数据通过数智中台的形式进行存储和管理。其次，当客户或上级提出新的需求，或者财务智能产品检测到新的问题时，根据标签匹配规则，向符合条件的人员发送提示和通知。员工通过集团的 iCome 平台，可以自由了解需求、选择工作、组合资源。最后，员工在每一个项目或场景中的参与度、贡献度都将通过系统记录并呈现出来，同时参考员工个人考核目标，来确定每位员工的绩效分数。

放眼未来，新业务、新竞争业态、新商业模式层出不穷，新的环境必将引起新的管理变革，组织应准确识变、科学应变、主动求变，具有"长风破浪"的能力，如此才能直挂云帆济沧海！

第 3 章

业财融合：
财务数智化转型的基石

　　若言琴上有琴声，放在匣中何不鸣？若言声在指头上，
何不于君指上听？

——苏轼

　　离开了指头，琴演奏不出音乐，离开了琴，指头也演奏不出音
乐。业务与财务，即指头与琴的关系，二者密不可分。伴随着信息
技术的快速发展，以及新业态、新商业模式的不断涌现，业务和财
务的深度融合成为企业的一门必修课。

3.1　业财融合概述

　　2014 年 10 月，财政部发布的《关于全面推进管理会计体系建设
的指导意见》指出，管理会计"是通过利用相关信息，有机融合财
务与业务活动，在单位规划、决策、控制和评价等方面发挥重要作
用的管理活动"。2016 年 6 月，财政部发布的《管理会计基本指引》
进一步明确："管理会计应嵌入单位相关领域、层次、环节，以业务
流程为基础，利用管理会计工具方法，将财务和业务等有机融合。"

伴随管理会计的大力推行，业财融合越来越受到理论界和实业界的关注。

3.1.1　为什么要业财融合

在数字时代，外部竞争日益激烈，企业若想高质量、低风险地稳步发展，离不开财务的数据驱动和经营管控。一方面，财务人员需要实时获取业务信息，掌握业务实际情况，按照企业内控要求和会计核算要求进行核算、记账；另一方面，业务需要财务人员提供更多的数据支持，比如定价、授信额度数据支持等，对财务数据提出了更高的要求。同时，企业需要财务方面提供更多科学、合理的决策支持，帮助各级管理人员进行经营管理，控制经营风险。

然而，实际情况是大量的企业财务资源仍然用于基础核算，不能有效满足业务以及管理层的经营需求和数据支撑要求。面对诸多的挑战，为了更好地支撑企业发展，助力财务转型，赋能业务发展，需要更好地推动业财融合。融合才能共享，融合才能高效，融合才能更好赋能。

3.1.2　业财融合的特征及内容

1. 特征

面对不确定性，财务管理者需要引入新的思维和技术来应对管理挑战和满足企业需求。财务人员需要及时了解业务，更好地促进财务与业务融合。融合意味着一体，意味着业务和财务之间从组织、流程、数据、管理到系统都是一体的、协同的、实时的和交互的，如图 3-1 所示。

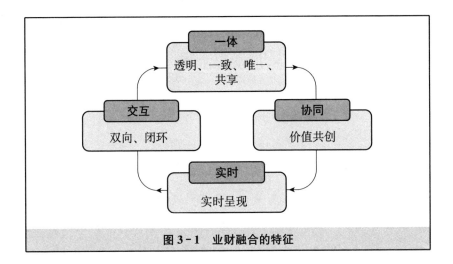

图 3-1 业财融合的特征

一体：浑然一体，面向外部——内部流程透明、流畅；用户体验一致，一揽子解决问题；数据来源唯一；数据共享。

协同：以业务目标为导向，以流程为抓手，实现业务活动的价值创造，共同高效达成目标。

实时：信息是及时处理的，决策是实时呈现的。

交互：信息是双向的，信息传递有反馈，多次交互，能够实现闭环。

比如从核算角度来看，采购、生产、销售、库存等环节发生业务的时候，由业务人员完成业务单据，形成的业务数据会实时传递给后端财务，财务根据管控规则实时反馈是否合规，并对异常信息及时提醒，将不合规业务驳回进行重新处理；审批通过的业务数据可以自动生成会计凭证，实时转换成财务数据，方便实时分析应收、应付账款信息，降低经营风险。

2. 内容

业财融合包括组织融合、流程融合、数据融合和系统融合四个方面。

（1）组织融合是根本。

企业在发展壮大的过程中，财务部门与各业务部门分工明确，职责清晰，但同时也带来了组织之间的信息藩篱。在数字经济时代，通过组织融合可实现业务型组织转变为价值型组织，提升管理效能。基于价值视角的业财融合不仅回归业财融合的根本，也决定了企业组织设计和信息提供的基本模式。[①] 企业应以客户为中心，以价值创造为目标，赋能业务，高效、低成本、科学合理地完成业务目标，对组织进行优化，比如建立中台组织、三位一体的财务管理体系、财务共享中心等。

（2）流程融合是基础。

将企业的物流和资金流纳入财务的监控下，实现物流-资金流-信息流的一体化管理。通过业务流程的梳理，各业务数据汇成有用

---

① 谢志华，杨超，许诺. 再论业财融合的本质及其实现形式 [J]. 会计研究，2020 (7)：3-14.

的信息流，按一定的流程规则运作，形成事前预算、事中控制和事后反馈的财务管理模式。

（3）数据融合是灵魂。

数据共享、数据一体，即数据来源唯一，一点录入、全程共享。例如在实务中，"销售订单"和"采购订单"的原始数据是企业数据的源头，数据生成和传输基于每一个业务。

（4）系统融合是手段。

前端的业务系统和后端的财务系统浑然一体，做到系统应用和技术层面一体化，单点登录、体验一致。在业财一体的环境下，业务发生时，由业务人员进行数据录入，所有的原始数据只需一次输入，相应的记账、算账和报账自动处理。

3.1.3　业财融合的难点

1. 数据困境

在企业业财融合过程中，存在财务与交易分离，多系统数据口径不一致等导致数据不够规范，自动化程度低，财务无法出具实时、准确的报告等问题。数据困境往往体现在如下几个方面：

（1）数据架构缺乏统一的规划。

（2）缺乏统一的企业级数据标准。例如组织、人员、客商等主数据分散在不同应用系统中，缺乏统一的数据来源和数据规范，导致数据处理难度增加，数据质量不稳定。

（3）数据集成度较低。由于各业务系统间集成度低，数据共联共享困难，数据的实时性差、准确度低。应用系统的数据质量和数据管理都处于较低的水平，无法保证系统的准确、高效、稳定运行，影响了业务的运营和发展。

2. 组织融合

在业财融合的过程中，涉及业务、财务、IT 等部门之间的融合和协调。其一，业务与财务在某些方面存在矛盾。业务的目标是发展，为企业创造利润。财务的目标是核算和监督，是企业价值的守护者。当业务的发展不合规时，财务会及时刹车，这时就会影响业务的发展。从这个角度来说，财务与业务可能会有矛盾，在合规的情况下更好地支撑业务的发展在实际工作中是比较难的。其二，业务、财务和 IT 之间的矛盾使得业财融合面临如何落地的问题。业务和财务的处理是偏业务逻辑的，但是最后我们要以 IT 的语言和逻辑进行落地，IT 更多地要求规范，IT 落地也会与业务、财务的发展产生矛盾，如业务发展之快与 IT 落地之慢的矛盾，而 IT 架构的规范与业务的高速发展之间的协同也是业财融合的难点之一。

3. 资源融合

业财融合建设是个系统工程，涉及领导、资金、团队等资源的大力支持。充足的资金配置和专业化的业财建设团队为业财融合建设提供了保障。从企业内部来说，团队包括了财务的相关人员、业务的相关人员以及 IT 的相关人员。此外，从企业外部来说，团队还包括了第三方的实施方及顾问等。如何更好地协同这么多资源让项目成功落地是业财融合建设的又一个难点。

3.2　如何实施业财融合

3.2.1　方法论

1. 战略规划和目标制定

战略是管理会计的方向盘。战略管理会计要求企业以战略为导向设计管理会计内容体系。企业战略影响财务管理，做好业财融合首先要了解企业的愿景、使命和价值观，了解企业中长期的业务战略，了解企业高层对财务的定位和期望。

CFO 需要清楚企业中长期的发展规划和当前的重点工作，在此基础之上明确自己的定位。CFO 需要引领财务变革，保证财务管理与企业战略匹配，创造财务价值；提升财务管控能力，在集团层面准确、及时、完整、全面地掌握企业的经营状态；将对企业的管控，从被动变为主动。

2. 组织优化

通过组织优化，财务不再事后核算，财务人员从烦琐的重复性劳动中解脱出来，成为业务的合作伙伴，能够直接在前台快速支援业务前端，参与业务决策，促进业财间的融合。

3. 流程优化及标准化建设

流程方法论涉及管控与效率的平衡。企业应基于流程重组理论，以价值创造为核心，进行流程优化。同时要融合，就需要连接的标准；有了标准，系统才能自动处理。标准为什么重要？因为没有标准就无法实现自动化处理。比如我们虽然统一了财务系统、报账系统，但财务数据标准和处理规则还不统一，就会导致自动合并报表难度很大。标准包括：业务标准、财务标准、系统标准、数据标准、报表标准。

3.2.2　业财融合数字化方案

1. 业财融合数字化关键能力

业财融合数字化关键能力主要有连接、高效、一体、柔性、智能，如图 3-2 所示。

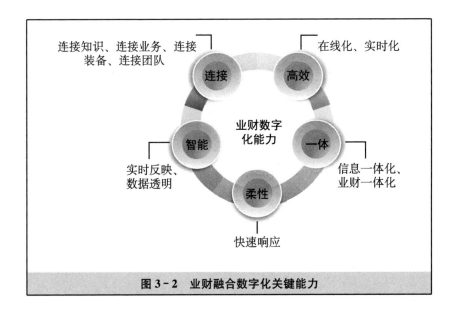

图3-2 业财融合数字化关键能力

（1）连接。连接内外部资源，形成生态化。比如：通过和携程、滴滴这样的服务商连接，为企业的员工提供一站式服务。连接每个人、每台设备、每个资源、每个组织，构建万物互联的智能世界。

（2）高效。表现为在线化、实时化。设计理念是再怎么强调用户体验都不为过，前后端的体验极为重要。它要求企业简化会计工作流程并保证数据的准确性，提升机器作业能力和比重。

（3）一体。表现为信息一体化、业财一体化。

（4）柔性。主要有业务上的柔性和技术上的柔性。云化、平台化、服务化，有助于形成柔性服务架构，真正做到按需提供服务，进行迭代式开发，充分保证投资收益。财务要和业务云或者私有ERP云进行融合，实现云端业财自动化、一体化。实现云端社交化和内部全员共享，最终所有的财务应用体现成智能化的应用场景。

（5）智能。表现为统一口径、数据透明、例外监控、实时分析，以及在线化、自动化、决策分析能力。

2. 业财融合数字化方案总体架构

（1）财务会计数字化：流程再造、智能高效。

对财务事项进行梳理和流程再造，通过构建智慧财务管理平台，前端对接 OA 系统、电商平台、商旅平台，实现智慧采购、商旅的线上化管理；中端对接影像平台实现员工"云报销"；后端对接税务、实物资产、银企直连等平台，自动完成财务处理，以此提高财务日常工作准确性，解放财务人力，提升财务服务满意度。

通过统筹设计、规范业务维度和规范财务核算维度，在提高业务交易和财务核算口径一致性的同时，细化财务核算信息粒度，既满足核算和信息披露的要求，又保证内部管理和分析需要。同时，全面梳理业务活动和核算场景，针对每类业务活动找到关键判断因素，设计灵活的会计核算规则，通过会计规则引擎实现会计核算分录的自动生成，加强业财一体化。

（2）管理会计数字化：业财融合、价值创造。

从预算管理出发，围绕业务流程中的创值点，梳理有价值的内外部信息，将外部信息与公司战略、经营结合，基于智能技术和 AI 模型，进行战略制定、成本预测、经营分析等活动。

（3）决策支持数字化：数据驱动、敏捷决策。

构建企业财务智慧分析体系和决策支持应用，以及为战略决策提供支撑的一体化、精细化营销与管理服务。以业财数据集中驱动，以客户需求为中心，以产品为载体，度量对客户的综合价值贡献和变动情况，围绕关键价值因素进行指标分解。同时，结合市场环境、客户 360 度画像、行业议价能力等外部因素，基于 AI 和深度学习技术，对客户价值变动进行深层钻取分析，揭示客户特征与业务营销的相关性，剖析客户发展潜力，帮助财务部门由传统的追溯数据分析模式转变为系统推断预测模式，提升业务洞察力，推动财务转型最后一公里的冲刺。支持交互式信息，解决事前难以准确预测或者是随机变化的问题。

3.3　业财融合建设模式

3.3.1　中台模式

1. 建设背景

在企业生存环境不断变化、科技飞速发展的背景下，基于传统企业现有的财务管理和运营模式，CFO 与其财务团队在业务配合上面临着越来越大的压力：

（1）业务发展更快：前端业务变化快、创新多、模式复杂，需要快速提供财务解决方案。

（2）数据处理更难：海量数据，分析难度大，但同时包括更多的外部数据，数据潜在价值高。

（3）财务要求更高：企业多元化发展及财务自身转型，对财务能力提出更多样化、更高的要求。

企业应对这些挑战并建立适应新时代的财务体系变得迫在眉睫，而财务中台赋予财务组织敏捷应对能力，有助于构建快速响应业务变化的柔性平台，帮助企业财务成为企业强有力的业务合作伙伴。

2. 建设思路

中台的核心思想是"共享"和"复用"。中台是为了解决前台和后台的适配失衡问题而存在于两者中间的一个"变速齿轮"。中台可以连接前台需求与后台资源，向前通过抽象、沉淀前台可复用的能力，实现对前台的"瘦身"，以快速响应用户需求；向后对后台资源进行整合，实现统一的衔接和规则化，从而保障后台业务的稳定和合规。中台模式建设思路如图 3-3 所示。

作为连接企业前后台的"桥梁"，财务中台能够消化前端业务活动快速变化创新对财务工作带来的影响[①]，通过剥离前台的"核心财务能力"实现前台轻量化，并保障企业的财务后台管理稳步进行。

企业可将管理模式成熟、业务逻辑相对稳定，以及多场景可复用的核心数据、资源、运营模式进行下沉和互通，实现能力共享，使任何业务线的任何业务都具备公司级的核心能力，从而实现"小

---

① 周汀滢，田高良，赵英会. S集团企业预算管理数字化转型探析［J］. 财会通讯，2023（12）：159-164，176.

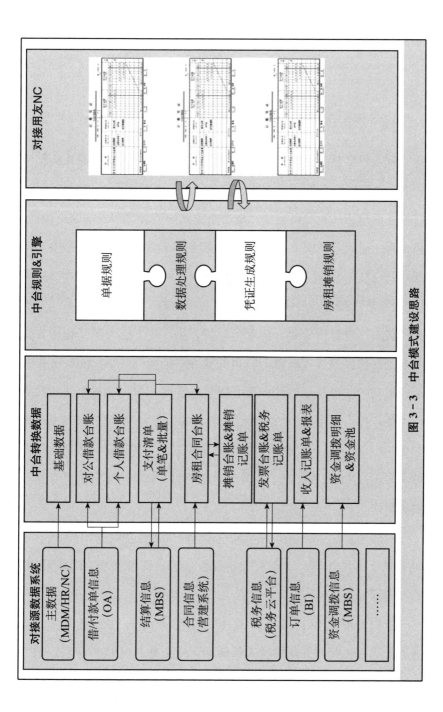

图 3 - 3　中台模式建设思路

前台、大中台"的组织模式，供企业快速进行业务创新迭代并降低运营成本。

3. 总体架构

企业对全财务流程框架进行分析，明确企业业务范围并确保流程的全面清晰；识别业财流程的全部关键节点并提取相应财务职能，将业务性质相同、逻辑完整、满足业务同一类管理需求的财务职能，整合为一组财务"能力"，形成企业财务"能力"全景图，最终运用"漏斗分析法"，对业务价值高、复用程度高、业务逻辑成熟的财务"能力"进行筛选，形成业务中台核心"能力"清单。同时对核心业务"能力"进行抽象化、标准化、整合化，并以能力产品化的方式为业务提供服务，实现整个公司的核心"能力"共享，实现更快的业务需求响应以及更敏捷的服务提供。逐步积累，形成企业级财务能力资产库，迭代重构，实现财务能力的服务共享，沉淀核心能力。如图 3-4 所示，进行财务"中台化"改造，可打造财务数智化运营能力，提高 IT 效能，赋予业务快速创新和试错能力，同时降低企业财务风险。

财务中台包含业财管理、共享管理、控制管理、费用管理、应付管理、应收管理、资产管理、资金管理、发票管理、台账管理、档案管理等。

业财管理：业财一体化，财务数据自动生成，专业化分工为财务人员减轻负荷。促使财务人员转型，由记账转向财务管理，把工

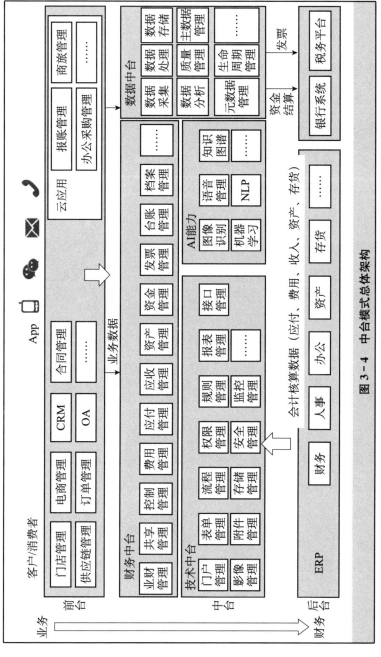

图 3 - 4 中台模式总体架构

注：图中 CRM 和 NLP 分别指客户关系管理和自然语言处理。

作重心转移到高价值的决策支持上来。各分公司财务经理集中精力深度参与业务运营，提高企业运营水平，改善企业效益。与主流 ERP 系统集成使用，报销凭证实现自动传递。

共享管理：采用共享服务中心模式，实现对财务核算任务的统一管理，包括任务管理、人员管理、绩效管理、质量管理、知识管理。

控制管理：财务人员是企业经营非常重要的风控官，财务人员的控制服务涉及预算、资金、支付等企业经营的方方面面。中台的控制管理提供集中统一的控制服务，建立财务的控制中心，以中台微服务的形式向前台提供包括预算、资金、支付等在内的一系列的控制服务。

费用管理：实现对物资、设备等成本数据的汇总，反映项目真实的成本情况，并通过对成本的分析，完善公司成本管理体系，建立起成本预算编制、成本过程控制、成本审查分析的全周期管理模式。

应收管理和应付管理：以业务为源头，将各类业务数据自动流转形成应收应付信息，并通过应收应付形成资金计划，建立起以应收应付为平台，连接业务与财务的财务共享应用。同时做好折现、计提坏账准备、账龄分析等财务内部管理工作。

资产管理：覆盖企业固定资产、无形资产等各类资产，打造资产购置、使用、处置的全周期管理体系，并实现各类资产报账单据与财务共享的数据传递，打造业财一体化体系。

资金管理：实现账户管理、资金收支和实时监控。获取相关付款计划或单据，生成待付款指令，与资金系统或者网银系统无缝对接，保障付款信息传递安全、准确、高效。

发票管理：实现发票的采集、识别、查重、验真、认证、入账和付款。通过 OCR 识别发票信息，包括增值税发票专票/普票、火车票、机票、出租车发票、餐饮发票等；同时对发票的合规性进行分析监控，如是否符合中央八项规定等。

台账管理：包括票据台账、借款台账、预付款台账、供应商台账、合同台账和项目台账等。

档案管理：为企业提供全面的电子档案和实物档案管理，实现企业各种实物档案的影像化、分册、入库、利用和管理。实现凭证档案的全生命周期管理，包括凭证采集、归档、借阅、盘点和销毁。

4. 主要价值

（1）推动业财融合：财务人员更加深入地参与到业务活动当中，更好为业务提供服务，将财务部门打造成"企业业务伙伴"。

（2）强化数据应用：对财务信息统一处理，避免信息孤岛，加强财务数据的分析洞察。

（3）实现降本增效：能力复用，避免资源浪费，降低经营成本，提高综合运营效率。

（4）助力转型升级：将财务人员从传统事务性工作中解放出来，

转向企业决策辅助等高价值工作。

（5）提升智能化程度：借助中台，充分考虑人工智能、高级分析等新兴技术的应用，打造"智慧"财务，将财务管理工作推入 AI 赛道。

3.3.2 共享模式

1. 管控模式

管控模式是集团对下属企业基于集分权程度不同而形成的管控策略，因此，明确管控模式是财务转型工作的基础和前提条件，也是财务转型中进行工作流程设计和优化的依据，更是公司整体财务工作流程高效和业务流程再造的基础。管控模式主要分为财务管控型、运营管控型和战略管控型三种。

（1）财务管控型。财务管控型是指主要通过财务指标对下属进行考核，不对下属公司的战略发展方向进行限定。集团主要关注子公司的盈利、投资回报、资金收益情况，基本不干涉下属子公司的具体经营运作管理，并根据业务发展状况增持股份或适时退出。这种模式被形象地表述为"有头脑，没手脚"。在财务管控型企业集团中，下属各个业务单元之间并不要求具有较强的业务相关性，也就是说，财务管控型企业集团的下属企业是紧密围绕投资回报的原则来设置的，只要能够实现集团下达的财务目标，就不必过多考虑业务单元之间的业务关联。

（2）运营管控型。运营管控型是一种集权的管控模式，集团作为经营决策中心和生产指标管理中心，对下属企业实行集中管理和控制。运营管控型是指集团对子公司直接进行管理，强调集团整体的协调发展。在这样的企业集团中，业务单元之间的业务相关性要求较高，甚至呈现单一业态。采用运营管控型的集团，需要下属企业形成合力，而较强的业务相关性便于统一的运营管理以及围绕目标展开一致行动。作为此类集团的总部，往往需要承担更多的运营管理职能，相比财务管控型的企业集团，此类企业集团的管理更为复杂，需要依托规模比较大的集团总部组织，对下级单位甚至是多层下级单位实施直接的运营管理。

（3）战略管控型。战略管控型是一种介于集权与分权之间的管控模式，由集团负责规划和协调整个集团的战略发展，以追求集团总体战略控制和协同效应为目标。集团总部很少干预子公司的活动，主要是通过战略协调、控制和服务建立集团与下属公司的关系。一般而言，这种情况比较适用于相关产业企业集团的发展。这种管控模式被形象地称为"上有头脑，下也有头脑"，同样对于下属业务单元的相关性要求较高，但相比运营管控型来说，可以扩大到两三个甚至更多的业态，也就是走相关多元化的路径。在这种模式下，集团的管理团队规模不需要很大，主要是要具备综合协调的职能，能够推动下属业务单元沿既定战略方向前进。

2. 财务转型

（1）财务转型中的层次分离。

战略管控模式下的财务转型需要平衡集权与分权，而财务职能也向"集中的更集中，分散的更分散"的方向转变。在这个转变过程中，财务实现了运营与管理两个层次的分离。

运营工作是指在财务管理活动中的大量的事务性工作。这些工作的特点是标准化程度较高、业务量大、高度重复。在传统的财务管理活动中，这些事务性工作是和带有决策支持性质的财务管理活动混杂在一起的，分支机构的财务人员往往同时需要履行这两种职能。但是，由于运营性质的财务工作与决策支持性质的财务工作在能力需求上是存在显著差异的，由同样的人做这两种工作，显然难以取得较好的效果。

在财务转型中，将运营作业与决策支持相分离的力量愈发强大。运营作业借助共享服务模式，对传统模式下分散在各个企业分支机构中的运营职能进行了剥离，并集中到一个或多个财务共享中心进行处理。在这个过程中，企业还引入了运营管理的技术和方法，进一步提升了财务运营效率、质量和服务，同时降低了运营成本。

在财务运营职能被成功剥离后，原有的财务人员有资源和精力进一步思考如何提升管理能力，支持决策。他们通过进一步提升财务在专业领域的管理能力，将传统财务模式下难以做好的事情做得更好，同时，通过深入研究财务对业务支持的方式方法，逐渐形成了一套专业化的业务型财务管理模式。这就是我们通常所说的业财融合。

运营与管理的层次分离，极大地释放了财务资源，提升了财务的专业能力，是财务转型中的重要一环。

（2）财务转型中的专业双主线。

在企业集团进行财务运营与财务管理层次分离的同时，财务转型还同时沿着两条平行的专业主线展开。

一条主线是通过企业内部会计职能的转变，构建核算型财务、业务型财务和战略型财务的演进路径。另一条主线解决的是出纳问题，传统财务的出纳职能通过财务转型逐渐演变出流动性资金管理、理财与风险管理以及管控金融资源支持的路径。[①] 前者的演进最终形成了很多企业集团的财务总监职能，而后者的演进最终形成了司库长职能。而财务总监与司库长共同向集团首席财务官汇报。

在解决会计问题的这条主线中，传统的企业财务部门平均 70%以上的资源都消耗在了会计核算等基础事务中，企业财务在业务支持和战略支持上投入的资源极其有限。顺应这条主线转型的关键在于提升会计核算的效率，释放资源驱动转型。而转型的方向则在于

---

① 张庆龙，张延彪. 财务转型视角下的企业司库管理研究［J］. 财会月刊，2022（1）：34-38.

构建业务型财务和战略型财务。

在解决出纳问题的这条主线上，传统企业集团中资金部门履行基础的出纳职能，并随着相关业务逐渐复杂，形成以资金收付、账户管理、对账管理等事务性资金职能为核心的资金运营体系。随着运营效率的提升，同样释放了出纳资源，使得之前从事出纳工作的部分员工转而从事附加价值更高的司库工作，提升企业的司库能力。

（3）从核算型财务转向业务型财务和战略型财务。

对于财务转型的第一条主线来说，要解决当前企业集团会计问题，核心在于释放各级机构财务人力，从以核算为主向业务型财务与战略型财务转变。

应当充分借助财务共享服务这一重要管理创新工具，并在其中充分融入财务信息化及智能化技术，实现对现有核算资源的深度释放，用少量的分布式的财务共享中心实现高效、高质量的会计运营服务。对脱离核算职能后的各级机构财务进行能力提升和转型，通过深挖业务部门和集团管理团队对财务支持的需求，使财务部门发挥业务型财务和战略型财务的职能。

3. 共享模式的总体架构

财务共享中心针对具有跨地域、多组织和多业务特征的集团型企业，将分散于各业务单位重复性高的财务业务进行流程再造和标准化、服务化，并集中到共享服务中心统一进行处理，为企业提供全业务报账、预算管控、影像采集、共享运营、资金管理、信息归档和决策分析等端到端的财务共享服务平台，实现财务管理的全面信息化和共享服务化。前端业务系统按照业务职能进行划分，支撑企业的主营业务和支撑业务，分别包括销售管理、采购管理、生产交付、费用报销和人力资源（见图 3-5）。前端业务系统在高速运转中产生大量信息，通过端到端流程的规范化和标准化后，以接口形式传递到共享平台。共享平台实现业财转换与融合，共享运营采用会计工厂的模式，集中核算、资金收支、税务处理，提高财务处理的规范化、标准化水平，并有效降低财务风险，为内外部客户提供低成本、高效率、一致可靠的专业化财务服务。数据中台提供数据驱动决策，提升财务决策水平。财务共享平台整合业务、财务、技术和数据资源，形成标准服务能力，构建服务总线，通过服务架构，分域分层建设，实现平台能力及应用的可成长、可扩充，创造面向未来的企业财务共享平台。以"工作流"为纽带，以"共享门户"为窗口，对组织中的人员、资金、票据、信息、实物和影像进行管理，实现业财一体化，提高工作效率和控制风险。共享系统包含七个共享功能平台。

（1）报账管理：当业务发生时，由当事人在相关系统发起报账，如 OA、ERP 等，也可以在共享系统发起报账，在共享系统发起报账，则启用工作流引擎进行相关业务审批。业务报账可根据需要调用影像采集接口，实现影像采集。对于进项发票，可以通过 OCR 进行采集。

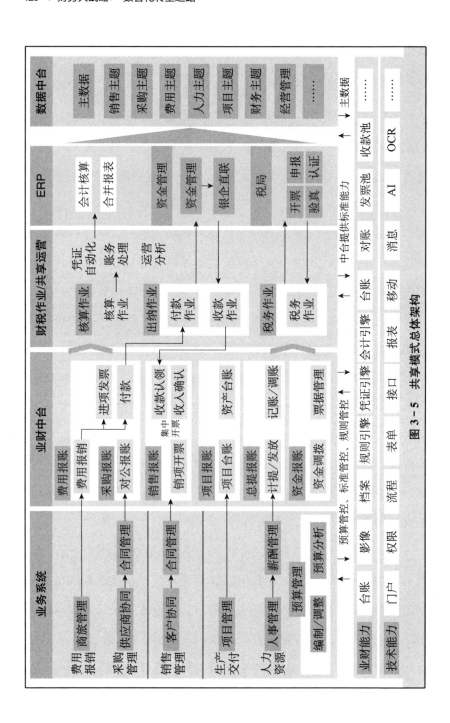

图 3-5 共享模式总体架构

（2）共享管理：当各个业务完成业务审批后，共享平台会根据作业引擎，将业务分配到相应核算组进行作业处理，预制凭证根据业财转换引擎自动生成，共享财务可以双屏查看单据信息、审批信息、预制凭证信息，调阅影像数据和附件数据，确认无误后，将凭证同步到 ERP 系统。对于费用和应付类业务，系统会生成付款清单，共享出纳可根据优先级进行排款，并发送付款指令到资金系统完成支付，同时也通过接口获取收款信息。

（3）进项发票按照要求定期通过接口对接税务系统，实现发票认证。

（4）ERP 处理：ERP 获取凭证信息后，进行相关规则校验，实时入账，将凭证编号返回共享系统，如果校验异常，则实时返回异常信息。共享系统根据异常原因进行分析处理。

（5）电子影像：电子报账调用影像采集接口采集原始实物凭证信息，业务审批时调用影像查看接口，共享财务审批或查看报表时调用影像。影像采集时，系统实时与单据匹配，实现信息流、影像流和实物流三流合一。

（6）资金管理：共享财务审批完成后，进入出纳管理阶段，对需要线上付款的发送付款指令，并推送到资金系统，资金系统再推送到银行，获取支付状态并返回给共享系统。

（7）决策分析：财务共享平台涉及的所有业财税金等信息汇总到数据中台，为数据查询、分析和决策提供支撑。

3.4 中国旅游集团商旅业务业财融合建设案例

3.4.1 背景信息

中国旅游集团（以下简称"中旅集团"）完成了财务共享中心的建设，实现了费用报账、资金管理、核算管理的共享管理。商旅业务是中旅集团的基础业务，商旅业务主要为企业提供全场景的差旅服务，其中包含机票、酒店、火车票等预订服务，为企业客户提供企业月结、个人支付等多种费用结算方式。

1. 中旅集团的商旅业务特征

（1）服务的综合性。

商旅服务需要为商务游客提供全套旅游管理项目的解决方案，而不仅仅是预订机票、预订酒店。解决方案包括咨询服务、降低旅行成本、旅行接待服务等内容。

（2）活动的复合性。

商旅活动包括展览、会议、谈判、考察、科技文化交流、政治访问等。随着区域间的合作增加，政治访问活动在商旅活动中的比重呈现出不断上升的趋势。

（3）订单的多变性。

商旅活动覆盖面广，服务对象众多，需求差异大，根据企业活

动的变化，随时调查，因而其订单也具有多变性。例如：有的企业
的员工一年里有大约 2/3 的时间花在商务旅行上，往往需要提前预
订好酒店。酒店预订前，要对周边景区、周边餐饮、娱乐、交通等
了解清楚。客户会随时调整酒店、出行工具、目的地，因此订单会
存在多次改变的情况，造成财务共享管理难度大，财务共享平台无
法与业务平台进行对接。

2. 中旅集团的商旅业财融合建设目标

随着对商旅服务平台应用的增加，现有商旅系统在客户收款、
业务结算及业务付款等环节的大量手工操作不能适应业务的快速发
展以及后续集团业财一体化管理的要求，因此急需通过构建业务操
作中后台一体化系统，实现不同业务的统一收、付、结以及发票处
理，完成业务流程的闭环管理，一方面提高业务操作的线上化程度，
另一方面实现公司管控目标、提升管理水平，最终为集团实现业财
一体化奠定良好的系统基础。

中旅集团基于商旅服务平台业务范围，通过构建多组织架构商
旅业财一体化系统，归集前端所属各公司、各业务系统订单，在商
旅业财一体化系统中对订单收款、付款、押金、发票、水单、税金、
收入、对账、结算等需财务审批的流程或项目进行统一管理。同时，
根据商旅各业务相关节点（收付退款、收入确认、结算等）自动与
主数据系统、共享 SAP、电子档案系统等对接，实现商旅业务资金、
发票审批线上闭环管理，实现业务数据的自动集成。中旅集团通过

商旅业财一体化系统的建设，全面提升商旅业财数字化管理水平。

商旅业财一体化平台作为将商旅业务平台和相关业务服务与财务共享进行连接的桥梁，能够实现业务发生与财务核算操作的联动。在商旅服务平台优先完善面向客户的服务支持后，中旅集团通过业财一体化做好业务流程管理、数据输出，利用好集团的财务共享等平台，提升业务的自动化处理水平。

3.4.2 业财融合建设

中旅集团商旅业务业财融合建设思路如图 3-6 所示。业财一体化平台将为商旅业务相关业务人员、财务人员和管理层提供使用支持，分别满足实际业务场景的应用需要；直接对接商旅业务相关的业务系统，将业务流程完全融入整个业财一体化流程，满足业务与财务的信息和数据联动需求，从前端业务发生到后端财务入账提供全程的功能支持，为前端业务人员提供业财衔接业务的处理，支持面向客户的账单提供、客户收款跟踪、各类业务的收入票据开具和管理、收款认领，支持应收账款查询、账龄跟踪等；辅助进行供应商的账单核对、完成付款结算等操作，满足相关规则、业务逻辑等配置需求，辅助流程自动处理，支持财务的税价分离自动计算、在线系统自动开具发票等操作，与后端财务相关支持系统进行对接，实现数据的自动流转，自动推送各类凭证数据，满足业务流程自动化衔接需求。

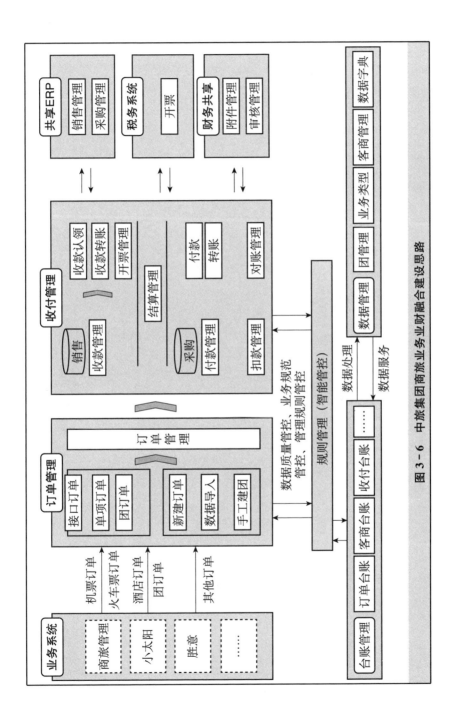

图 3 - 6　中旅集团商业务业财融合建设思路

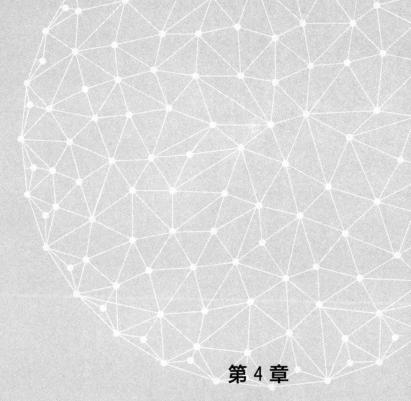

第 4 章

赋能业务:
财务数智化转型的目标

赋能业务是财务数智化转型的目标，即通过管理变革和业财融
合的支撑，打通数据壁垒，释放数据价值，用数据说话，用数据赋
能，从而实现财务对业务的赋能，提升管理的效率。本章选取了智
能财务决策、风险预测、大数据审计、应收账款预测、企业现金流
量预测智能财务的应用场景，为读者了解财务数智化转型提供多角
度的借鉴和参考。

4.1　数据价值与价值思维

4.1.1　数据可以创造什么价值

随着全球数智化转型全面加速，以数据为核心生产要素的增长
变革正在发生，我们习以为常的业务模式正在被颠覆。数智化新业
态、新模式及新应用的普及正在加速，企业已经认识到数智化转型
的必要性与紧迫性，同时需要运用新思维、新行动和新方法来拥抱
数智化时代的来临。

在传统企业财务管理理论中，财务价值理论、经济增加值模型

（EVA）等是最常见的企业财务数据分析方法。例如，传统财务价值理论基于资产负债表、利润表、现金流量表三种报表，分别反映企业的财务实力、营运能力以及一定时期的现金的来源和去处；经济增加值模型的核心是价值创造，并全面考虑了企业的资本成本。但是，随着业财融合粒度越来越细，财务数据与业务数据、外部数据的交互愈加频繁，共享数据价值时代的到来给会计核算带来了相当大的挑战，传统价值分析体系的缺陷日益凸显。第一，强调"好看的"财务数据，容易导致只关注短期战略目标，忽略企业长期发展；第二，企业战略落实关系到每个部门、每名员工，数据间的逻辑关系比一大堆指标更有用，而简单的财务数据分析未考虑指标之间的因果关系。

可以说，传统财务分析模式对数据的分析能力不足，数据没有在管理过程中起到纠偏和控制作用，这导致数据没有决策价值。只有将数据转为管理指标，数据才能有力支撑决策。具体来说，数据可以提供三个维度的价值：战略价值、财务价值、经营价值。

1. 战略价值

数智化转型的核心是核心竞争力的塑造，目的是支持和服务于企业发展战略的实施。数据能够反映企业过去及现在的经营状况，还可以反映整个市场的发展趋势，让企业定制发展战略成为可能，以迅速对充满不确定性的外部环境做出反应，及时调整业务和经营策略。

2. 财务价值

数据的财务价值最为传统，也最为常见，可具体体现为收入的增加、成本的降低、指标的改善等，是企业经营状况的直观体现。借助数据，企业可清晰且快速地明确企业发展的优势环节或存在的问题，为下一步的经营决策提供方向。

3. 经营价值

数智化转型的目的决定了数智化转型不是单纯的技术引进，其本质是管理变革。技术工具的使用提升了财务采集数据的效率和效果，而数据科学理论能帮助财务挖掘蕴藏于经营过程中的数据价值，数据治理系统、数智化平台工具能够全量、实时地处理数据，为不同经营及决策场景提供所需的数据产品和数据服务。

4.1.2　数据应如何创造价值

技术驱动的变革导致数据的战略价值、财务价值、经营价值日益提升，如何充分挖掘数据潜能，最大限度地创造价值是每家企业都应认真思考的问题，组织、业务流程、技术、人才等领域的重塑变得非常重要。

1. 组织重塑

有不少企业会觉得，数智化是 IT 部门的事，和业务部门无关。

这就导致很多企业数智化变革推进缓慢，业务人员并不积极参与变革，企业管理者想破但破不了部门墙，组织架构难以变革，企业整体缺乏跨业务部门的协调能力。其实，数智化变革与每个部门息息相关，数智化变革要求重塑敏捷组织能力。企业各部门要紧密围绕业务场景来解决问题，而不是以职能为中心来构建工作模式，要通过对关键业务流程进行梳理，明确项目需要的各类型人员，在内部打破部门墙，在外部打破边界，组建跨部门敏捷小组。企业应该明白，高效的工作不在于如何分工，而在于如何做好协同。企业应将客户置于核心位置，各部门紧密合作，以实现端到端的超级链接，最终达到快速响应的目的。

2. 业务流程重塑

数智化转型实施过程并不是传统流程与新技术的简单相加，数智化变革需要重塑业务流程，将新技术与精益管理相结合，取消重复的人工工作，对创造客户价值的业务流程进行梳理和优化，使得业务流程达到数智化落地的要求。精益管理是数智化转型的基础，企业需要用精益思想和技术体系在底层对数智化转型进行赋能，强化根基，提升数智化转型的效率和成功率。当企业管理基础薄弱时，精益管理变革能够使得企业达到比较稳定的管理水平，这样在使用新技术时将会更加流畅和容易。

3. 技术重塑

不少企业重 IT 轻 DT（data technology，即数据技术），在自动化设备、机器人这些可以看得到的设备上投入很高，却忽视了技术管理与流程梳理，使得数据的质量不高，数据标准差异大，口径混乱，产生信息孤岛。数智化变革要通过"IT＋DT"建设，对业务、技术、经营管理进行深度融合，围绕业务重构整体价值链和内外生态体系，使数字科学闭环运用、数据价值不断挖掘，利用新技术加速数据传递，而且迭代循环持续改进，形成数字生态系统。

4. 人才重塑

在企业财务数智化变革过程中，财务人员的分工更为精细，其中：战略型财务人员需要具备敏锐的洞察力及高水平的数字技术，做好顶层设计和决策支持，提供专业解决方案；业务型财务人员进一步被 BI 赋能，运用管理会计提供分析决策支持，实现数智化运营；共享财务人员的核算工作被逐渐取代，开始考虑转型为业务型财务或者从事数据管理、维护相关工作。实际上，对于财务数智化变革而言，工具只是基础，不可替代的人才才是核心，越来越多的企业对"懂会计规则＋谙熟管理会计＋了解技术工具＋懂商业战略"的综合型财务人才甚至跨界复合型人才产生了浓厚的兴趣，财务人员的转型已经迫在眉睫。数字技术和价值体系深度融合不仅是一种全新的工作方式，还使得财务人员不再是辅助决策者，而是有机会成为一个企业价值大厦的缔造者、价值地图的导航者。

4.2　智能财务决策

4.2.1　智能财务决策概述

从价值创造维度，现代企业财务大致可以分为三类：第一类是核算型财务（信息生产）。在这种模式下，财务工作的核心是会计核算并生成财务报告，这就导致财务提供的信息存在比较严重的滞后性，财务会计的管理职能很难发挥出来，更谈何快速决策？第二类是管控型财务（信息整合）。财务的管理职能得到强化，加强了对业务的管控，但仍然存在"管控为主，赋能为辅"的问题。第三类是决策型财务（信息决策）。这是财务的终极目标，即财务用高质量的信息为决策提供支持，利用信息化技术总结数据规律以构建模型，从而提供可供选择的方案。此时财务的价值创造能力是最强的。

1. 智能投资决策案例背景

下面我们用一个股票走势的例子来说明智能财务决策的重要性。

图 4-1 展示的是美国一家从事医疗器械制造的上市公司的股票走势。纵轴上半段代表的是投资者的原始股票投资回报（可以简单理解为股价的走势）；纵轴下半段代表的是投资者的累计收益率；横轴代表的是时间。

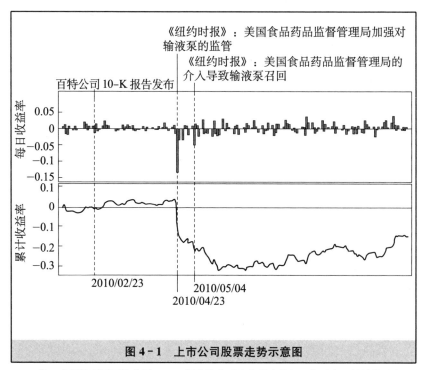

图 4-1　上市公司股票走势示意图

注：本图呈现了百特公司 10 - K 报告发布后几个月内的每日收益率和累计收益率。

2010 年 2 月 23 日，该公司公布 10 - K 报告，公布前后股价波动不大。2010 年 4 月 23 日，美国食品药品监督管理局介入对公司问题产品的调查，《纽约时报》披露这一信息，公司股价暴跌。2010 年 5 月 4 日，《纽约时报》进一步披露公司可能启动问题产品的召回程序，公司股价再次下跌。产品问题对于企业来说是个严重的负面新闻，可能导致投资者恐慌，从而大量抛售股票，最终使得公司股价暴跌。

2. 智能投资决策案例分析

看上去投资者似乎没有问题，他们的投资决策是根据新闻报道做出的。但实际上，公司早已在 2008 年和 2009 年年报中的管理层讨论部分披露了公司存在问题产品：2008 年，公司披露正在与美国食品药品监督管理局就问题产品进行沟通，沟通结果存在不确定性，当前对问题产品成本的估计是基于补救计划和可获得的信息做出的，未来可能会产生额外的费用；2009 年，公司仍在与美国食品药品监督管理局进行沟通，并补充说明问题产品可能导致大额的减值。

  既然公司已经对问题产品及其可能发生的减值做出了充分的披露，为什么投资者没有对此做出反应呢？这其实反映了生活中很普遍的一个问题，即投资者的精力是有限的，面对上市公司年报中的海量信息，如果对所有信息进行逐一分析，其难度可想而知。所以投资者很有可能忽略了年报中的关键信息，从而未及时采取应对措施。

  若将这一问题交给机器来处理，结果又会如何呢？实践证明，如果利用资本市场规则搭建模型，由计算机自动抓取数据并进行分析，一些易于被投资者忽略的信息就更容易获取。图 4-2 构建了两种投资，根据公司按照年报变化程度的大小将它们分到不同的组中：一组具有低相似性，该组公司年报的信息前后两年变化较大，后一年相较于前一年来说有新的信息出现；另一组具有高相似性，该组公司年报的信息前后两年没有显著的差异，后一年相较于前一年来说几乎没有新的信息出现。纵轴代表累计超额收益率（cumulative abnormal return，CAR），两组的曲线走势呈现出显著差异：累计超额收益率呈下降趋势的是低相似性一组，基本没有显著波动的是高相似性一组。投资者利用模型分析出两组差异后，可以通过投资组合套利获益：如果发现某家公司前后两年的年报存在明显差异，对于有利空信息披露的，可以在年报公布时以尽可能高的价格卖出股票，等信息发酵股价大跌时，再低价购入股票，通过做空机制获利。

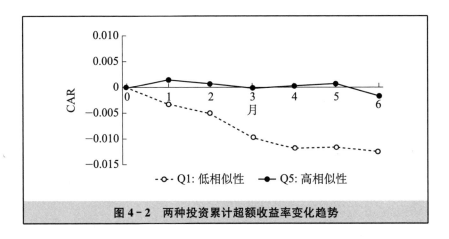

图 4 - 2　两种投资累计超额收益率变化趋势

　　虽然这是一个资本市场的例子，但对于财务管理来说亦是如此：传统的财务管理重视盈利能力、风险等量化指标，但忽视了文本信息，即公司年报、新闻报道等中的文本信息。虽然价值密度低，但其重要程度不可小觑，如果不准确提取和分析可能会导致决策失败。而人工读取和分析文本信息的成本高、效率低，因而就需要借助数字技术建模，从而形成自动化、智能化决策系统。其实，大众一直诟病传统财务的决策有用性较弱，但是在数智化时代，数字化技术已经能够为实现数字化、智能化决策提供条件。所以，提升会计决策价值的必要条件就是财务数智化，这是让会计从核算型财务转变为决策型财务的根本途径，这是会计领域一场真正的革命！

4.2.2 A医院采购需求预测案例

1. 背景及方案设想

A医院为一家集团型医院,在全国多个地区设立了分院,每家分院又建设了多个仓库,储存大量多样且复杂的物料。传统物料管理模式下采购部门不能智能地规划各医院仓库的库存量,导致库存存在积压,采购成本和仓储成本不能及时掌控。采购部门希望能够智能地预测各分院每月的物料消耗量,从而规划每月物料的实际订货量,将订单传给供应商提前备货生产,然后再按实际订货量分批次送货,达到降本增效的目的。

为满足采购部门的需求,可以搭建一个智慧预测采购需求的数据中台。在理想状态下,若传统物料管理模式做到了数据贯通,实现内部数据及外部数据的实时交换,就可以在已有系统中嵌入智慧采购管理模块,达到采购需求预测的智能化,减少人工干预。其中的关键环节在于,使用算法模型预测出每家分院每月的实际物料消耗量。系统自动预测物料需求量后,可以根据设定的规则自动向入选的供应商发布采购需求,并将供应商系统和医院系统相连接,实现线上对接、线下供货,发布需求、响应、结算均通过系统线上完成,形成整体数字化解决方案。

2. 创建采购需求预测模型

如图 4-3 所示，采购需求预测模型的创建主要通过异构系统取数、数据标准化、业务模型建立、业务展示四个环节来完成。

（1）异构系统取数。将所需数据从 NC、医用耗材管理系统（SPD）、医院信息系统（HIS）等各异构系统中提取出来。

（2）数据标准化。在 NC 系统中，储存着 ERP 编号为 2073、2074 的两类物料，并记录着其交易号、数量和订货日期；在 SPD 系统中，储存着物料编号为 1073、2074 的两类物料，并记录其交易号、消耗数量和日期。其中，编号为 2074 的物料在两个系统中都存在，也就是我们常说的主数据，它关联不同系统的识别码、关键词。采购需求预测模型通过统一的主数据，对不同系统中的数据进行清洗并形成标准化数据，最终形成编号为 1073、2073、2074 的三类物料的储存信息。

（3）业务模型建立。医院可以根据医院编号、仓库编号、物料编号等不同的指标建立业务模型。

（4）业务展示。在形成标准化数据并建模的情况下，模型可以对物料情况进行智能分析，如不同物料在不同时段的交易情况、交易分布、交易频率等。

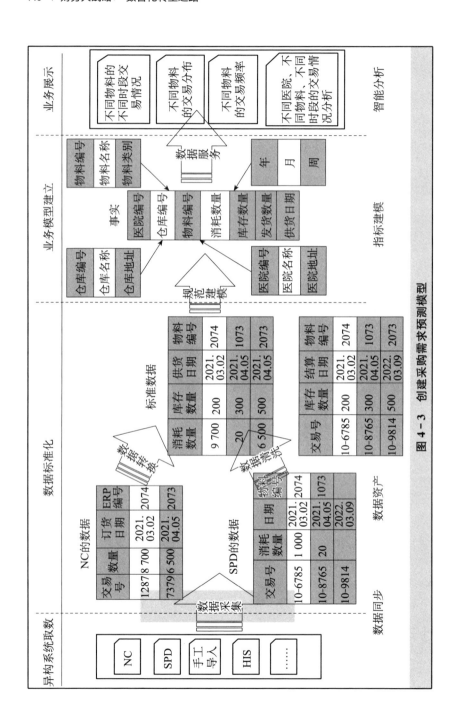

图 4 - 3　创建采购需求预测模型

创建采购需求预测模型需解决两个关键问题：主数据建设和数字化建设。一方面，如果医院主数据建设得很差，不同系统中的主数据不一致，模型就无法识别哪些物料是同类的。所以，不管是 A 医院还是其他类型的组织，都须尽早建立标准化的主数据，建立专属于自己的数据字典，为后续数字化转型打好基础。另一方面，如果医院的数字化程度很低，数据被禁锢在独立的系统中，由人工整理、汇总、清洗、核对，工作量巨大且效率低下，完成分析时可能已经错过市场机会。因而，如何建立完备的数字化系统，打破系统间的屏障，交由计算机处理海量数据，是 A 医院需要考虑的另一个问题。

3. 采购需求预测数据中台建设

采购需求预测数据中台在 A 医院数字化转型中扮演着重要角色，具有投入少、见效快的独特优势。数据中台的成功运行需经过以下几个环节，如图 4-4 所示。

（1）数据同步。数据中台上线运行后，将实现自动取数、更新数据、建模、分析、预测的全流程自动化，中台每周调度物料表、客户表、仓库表、出库记录表，将完成数据的自动更新。

（2）建立星型模型。该模型即图 4-3 中所述的业务模型。

（3）建立汇总逻辑表。医院可以按照仓库、医院甚至物料进行汇总。

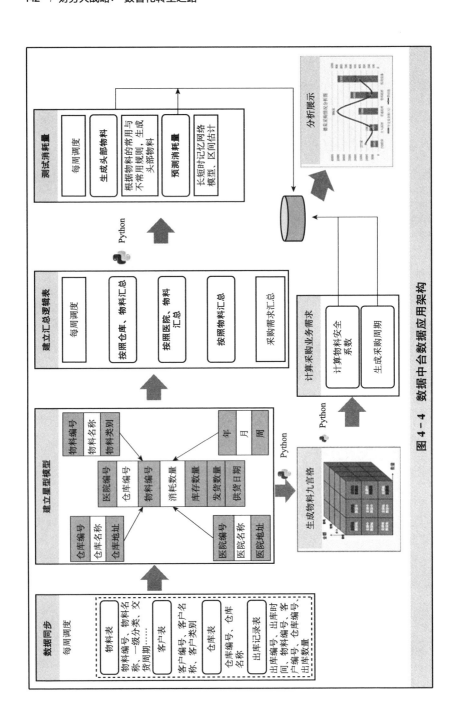

图 4 - 4　数据中台数据应用架构

（4）测试消耗量。该过程生成头部物料并预测消耗量。

数据中台在运行过程中会生成物料九宫格，如图 4-5 所示。

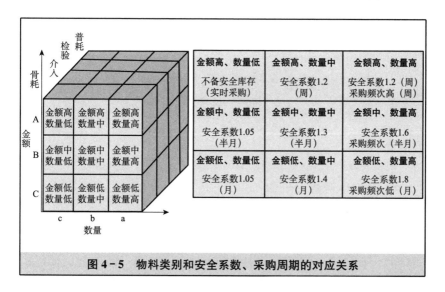

图 4-5　物料类别和安全系数、采购周期的对应关系

（1）确定物料种类。将所有物料分为普耗、介入、检验、骨耗四大类别。

（2）按金额区分为 A、B、C 三类。取各品类近 12 个月的采购月均金额，占总金额 70% 的为 A 类，占 20% 的为 B 类，占 10% 的为 C 类。

（3）按数量区分为 a、b、c 三类。取各品类近 12 个月的销售总数量的月均销售数量，按照数量高低排序，根据数量值的分布情况，将物料区分为 a、b、c 三类。将物料完成分类整理后会形成九种组合，医院为不同的物料确定不同的采购周期和安全系数，从而确定不同物料的采购频次，如：金额高、数量高的物料，降低安全系数，以减少资金占用，同时提高采购频次，保持供需平衡；而金额低、数量低的物料可适当储备安全库存。

从根本上说，A医院采购需求预测数据中台最核心的内容还是预测模型的构建和训练，将数据及模型封装为数据中台的工作相对而言较为容易。模型算法在后台定期运行，建立中台是从0到1的过程，中台建立起来以后从抓取数据到模型的更新迭代，均应由中台自动完成。

4. 数据中台建设价值

A医院开展该采购需求预测项目后，其采购成本的节约是相当可观的，管理效率也得以大幅提高。从长远来看，A医院采购需求预测业务的数据中台建设可细分为三个阶段，而每个阶段又有不同的价值：

第一阶段：快速构建场景化应用。充分利用新技术，完成标准规范建设。信息化具备业务驱动价值，A医院快速构建场景化应用，形成平台竞争力。

第二阶段：数据赋能业务。发展起完整的数据采集、建模及应用能力，进而提升对供应商及医院的服务能力，例如通过区域麻醉药品用量预测模型、基于AI算法的库存周转模型等，改善用户体验，降本增效。

第三阶段：生态化发展。（1）赋能医疗团队，构建自身数智能力；（2）基于技术＋数据的标准体系，实现智能化、效率化生态服务，赋能生态伙伴，实现共赢；（3）开放服务接口，利用自身资质及资源优势，建立企业发展基础优势。

4.2.3　B 企业供应商智能推荐案例

1. 案例背景介绍

B 企业具有较高的数字化水平，企业 84 个活动已实现自动化，核心业务全部在线处理，总在线率高达 88%，商务流程全贯通。目前，B 企业六大业务领域信息化工作，大部分业务活动已实现线上化与自动化：

（1）供应商管理方面：实现供应商准入、审查、退出及业绩评价的信息化管理。

（2）招投标管理方面：实现在线招投标、询比价、在线竞价、在线拍卖。

（3）合同管理方面：实现线上签订合同、电子签章和自动归档。

（4）采购执行方面：实现采购计划线上申报、订单和送货协同、自动下单、自动变更。

（5）采购结算方面：实现应开票清单自动下载、自动报账、自动付款。

（6）采购分析方面：供应商仪表盘、品类经理仪表盘、风险仪表盘等已投入运行。

如图 4-6 所示，B 企业已经实现了采购业务的在线化和自动化。

实现在线化意味着，流程活动线上运行，并与营销服务、研发、生产、财务、质量等五大外部系统实现对接；实现自动化意味着，凡是系统有的数据都不需要人工输入，凡是能系统做的都不需要人工操作。在采购业务在线化、自动化基础上，B企业致力于赋能采购体系，基于大数据、人工智能，全面实现战略采购的智慧化决策。

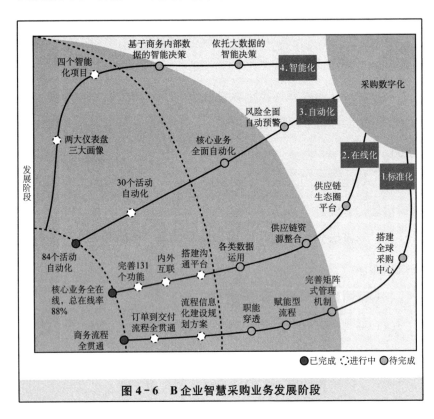

图 4-6　B企业智慧采购业务发展阶段

　　为做到战略采购智能化、事务性采购自动化的目标，B企业结合业务需求，主要从四个方面进行智慧化采购探索，形成的系统整体架构如图4-7所示。

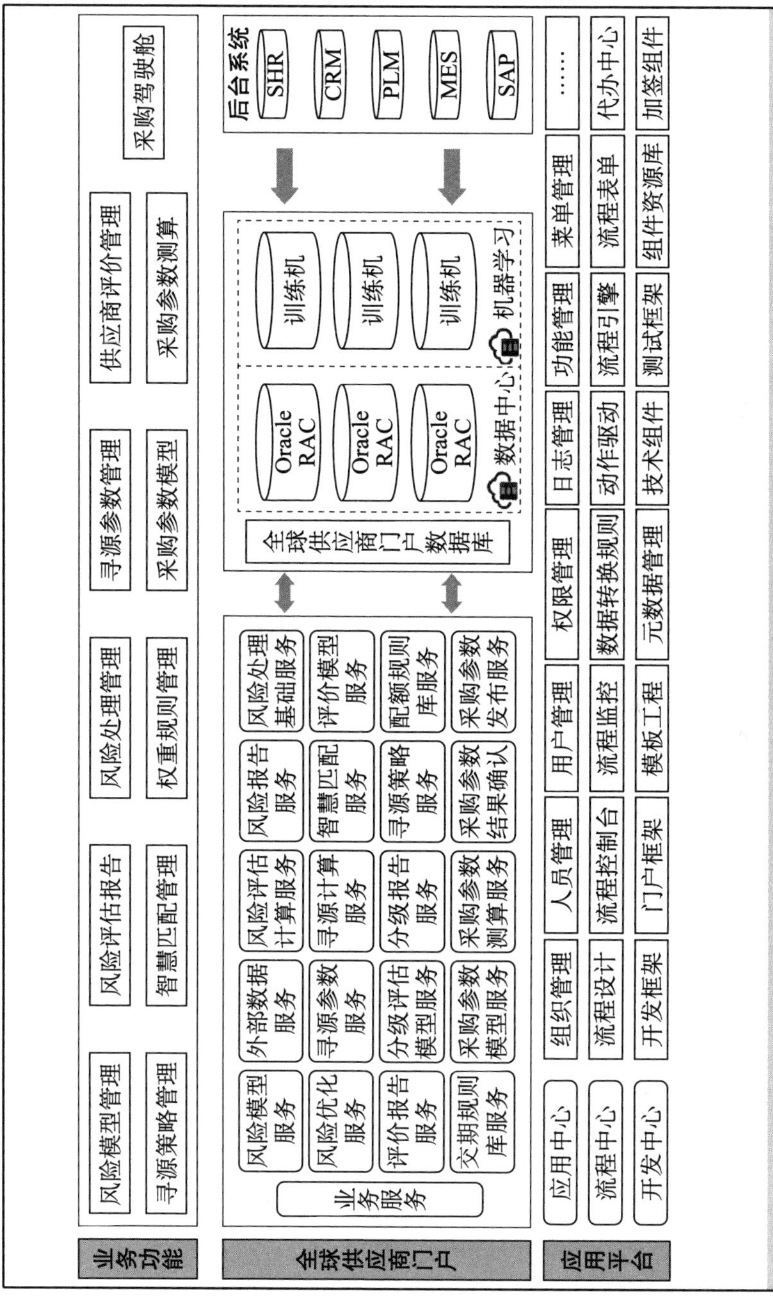

业务功能

- 采购驾驶舱
- 风险模型管理 ｜ 风险评估报告 ｜ 风险处理管理 ｜ 供应商评价管理
- 寻源策略管理 ｜ 智慧匹配管理 ｜ 权重规则管理 ｜ 采购参数测算

后台系统：SHR ｜ CRM ｜ PLM ｜ MES ｜ SAP ｜ ……

全球供应商门户

业务服务：
- 风险模型服务 ｜ 外部数据服务 ｜ 风险评估计算服务 ｜ 风险报告评价匹配服务 ｜ 风险处理基础服务
- 风险优化服务 ｜ 寻源参数服务 ｜ 寻源计算服务 ｜ 智慧匹配服务 ｜ 评价模型服务
- 评价报告服务 ｜ 分级评估模型服务 ｜ 分级报告服务 ｜ 寻源策略报告服务 ｜ 配额规则库服务
- 交期规则库服务 ｜ 采购参数模型服务 ｜ 采购参数测算服务 ｜ 采购参数结果确认 ｜ 采购参数发布服务

机器学习：训练机 ｜ 训练机 ｜ 训练机
数据中心：Oracle RAC ｜ Oracle RAC ｜ Oracle RAC
全球供应商门户数据库

应用平台

- 应用中心：组织管理 ｜ 人员管理 ｜ 用户管理 ｜ 权限管理 ｜ 功能管理 ｜ 日志管理 ｜ 菜单管理
- 流程中心：流程设计 ｜ 流程整制台 ｜ 流程监控 ｜ 数据转换规则 ｜ 元数据管理 ｜ 动作驱动 ｜ 流程表单
- 开发中心：开发框架 ｜ 门户框架 ｜ 模板工程 ｜ 技术组件 ｜ 测试框架 ｜ 组件资源库 ｜ 代办中心 ｜ 加签组件

图 4 - 7　B 企业系统整体架构

（1）供应商风险在线管理：结合供应商履约情况、天气、自然灾害等内外部系统数据，建模进行风险提前预警并实时展示，线上闭环处理风险。

（2）供应商智能推荐：这是智慧采购的关键环节，也是本案例的核心内容。在人工管理模式下，员工在有限的精力下只能接触部分供应商，且筛选成本较高。智能系统的应用进一步扩大了 B 企业的供应商池，将潜在供应商和交易供应商纳入范围，在招采寻过程中智能推荐供应商，提高寻源的精准度与范围。

（3）采购参数智能修正：系统根据大数据分析，提供采购周期、安全库存、采购批量等九大参数修正建议，自动修正采购参数，自动评估有关影响，减少人工干预，提高供应商推荐的准确性。

（4）品类经理智能驾驶舱：一屏展示常用信息，多维度分析指标，成为品类经理的数字大脑，提高采购执行效率。

B 企业还为采购业务数智化转型设定了专门路径：

（1）标准化：数据是贯通的，从商务、工艺、质量到制造流程实现拉通，避免各自为政，确保流程无断点、无漏洞。

（2）在线化：无缝对接内外部系统数据，强化数据应用。

（3）自动化：凡是计算机能做的，一律取消人工，采购人员工作重心向战略型转移，财务人员要成为财务专家，做计算机做不了的事情。

（4）智能化：全面应用数据实现业务改进与风险预警，实现两大仪表盘、三大画像上线及应用，建设四个智能化项目。

2. 供应商智慧推荐项目

B 企业供应商智能推荐项目的核心内容是聚焦供应商的全业务流程，如图 4-8 所示，实现供应商智能评价和智慧推荐。

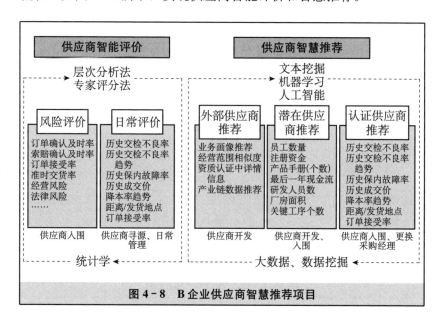

图 4-8　B 企业供应商智慧推荐项目

（1）供应商智能评价模型介绍。

为了向 B 企业智能推荐最佳的采购供应商，需要先形成对供应商的一般印象，对供应商进行客观、公正的评价，采取评分方式推荐综合排名靠前的供应商。为计算出每个供应商的综合得分，一般采取三个步骤：第一步，由品类经理按物料品类搭建与其相适配的品类评价系统，并按实际情况对各自所负责的物料品类进行答复，将答复的数据信息放置在品类指标评价体系中。图 4-9 为供应商评价指标体系的实例,从质量管控、成本管控、交货管控和服务管控四个维度对供应商进行评价,并设置了多个二级指标。第二步,系统自动按照预置的算法,核算指标体系各项指标的权重,从其他系统中按照系统取数逻辑或公式获取相应数据并进行核算。第三步,由系统自动核算多级指标得分,并乘以相应的指标权重,得出供应商综合评分,按照供应商得分情况,自动排序,择优推荐给品类经理。

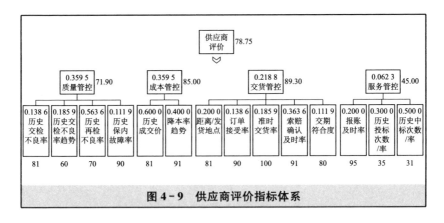

图4-9 供应商评价指标体系

B企业还需要考虑供应商的风险情况,例如,商品质量情况、商品准时交付情况等。具体的指标包括历史交检不良率、历史再检不良率、准时交货率、失信次数、欠税次数、处罚次数等,这些使得B企业对于供应商的印象更加完整。

(2)供应商智慧推荐模型介绍。

对供应商进行综合评分不失为一种客观且高效的推荐方法,除此之外,还可构建模型,以B企业数据库中历史中标次数多的供应商为标准,让机器学习标准后再推荐优质供应商。

例如，构建包含目标因子和影响因子的模型：目标因子选取半年内中标超过 6 次的企业，若满足条件，取值为 1，不满足条件则取值为 0。该变量反映的是中标次数高的企业的特点，取值为 1 的企业可予以重点考虑并纳入招投标名单。影响因子是反映供应商能力的重点指标，例如近三年营业额和利润、研发人员数、专利数等，系统自动提取数据进入模型来分析。

该模型对于潜在供应商和认证供应商均适用，区别在于潜在供应商是 B 企业之前未打过交道的陌生者，对于潜在供应商的数据需要更多地从外部渠道获取。此外，供应商的信息会随着业务开展和外部环境的变化而变化，供应商推荐模型同样需要持续优化，系统每隔一个月会自动获取各品类所有供应商的相关数据，并重新判断是否可以推荐，而这也会让机器越来越聪明，让推荐结果越来越准确。

（3）供应商智能推荐项目收益总结。

供应商智能推荐项目是财务数智化技术在实践中的具体应用，为 B 企业带来了不小的收益。经统计，B 企业的采购物资的交付及时率提升 9%；人均采购额提升 338%；原材料存货周转率提升218%；物料标准化提升，物料种数下降 33%，推动采购成本下降；认证供应商采购占比提升 16%，越来越多的供应商进入 B 企业供应商名单中。

B 企业供应商智能推荐项目的成功实施，离不开其强大的数字化基础，B 企业实现了大部分业务活动的线上化与自动化，在完善的数字基建工作基础上开发供应商智能推荐模块比较容易，且 B 企业可以将该项目的经验进一步推广应用：从广度上来说，B 企业的每个业务模块与场景都可以按照需求实现智能化；从深度上来说，供应商智能推荐模型可以不断迭代更新，在机器的反复训练中提高预测准确性，提升智能化水平。可以说，智能机器比人工更加高效，财务人员应从重复性的低效率工作中解放出来，培养自己的顶层设计能力和思维，对企业发展的中长期规划有较为清晰的认识，明确企业发展的终极目标后制定智能化方案推动企业高质量发展。

4.3　风险预测

4.3.1　基于机器学习算法预测债券信用风险

1. 债券信用风险背景情况

在 2014 年以前，人们普遍认为中国债券市场存在"刚性兑付"，投资者预期损失极低。2014 年"11 超日债"违约宣告中国债券市场"刚性兑付"被打破，此后我国债券市场违约事件逐渐增多，呈现出规模和数量持续增加、行业较为分散、地域离散分布、违约品种多样、违约率快速上升等特征。

从图 4-10 来看，2018—2021 年，每年都有 200 只左右的债券发生违约。对于债券公司来说，债券投资风险越来越大，若有债券发生违约，债券公司付出的成本是高昂的。如何提前发现债券违约的风险，避免踩雷就显得尤为重要。

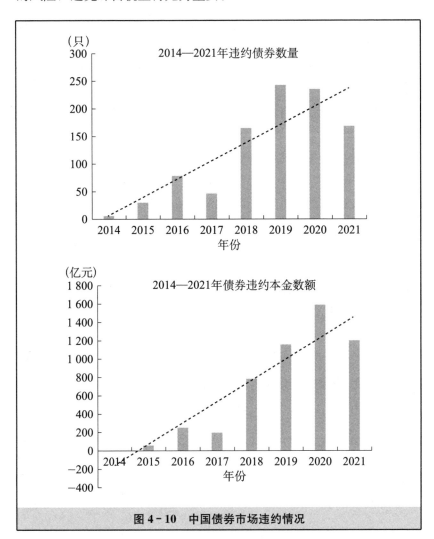

图 4-10　中国债券市场违约情况

目前实务界和学术界已开发出不少模型来预测债券信用风险，包括 KMV 模型（通过预期违约频率评估企业出现违约的概率）、信用计量(credit metrics) 模型［通过债务人（公司）的信用等级来确定信用资产或信用资产组合的市场价值分布律］等，但这些传统模型的分析方式比较简单，以单变量分析和逻辑回归等方式为主。在选择样本时，由于我国以往债券违约数据不可得或者太少，多采用上市公司中的特别处理（ST）公司作为债务违约样本，种种原因累加起来就导致传统模型预测的准确率比较差。

2. 预测债券信用风险模型

为进一步提升债券违约风险预测的准确性，我们可以采用机器学习的方法，打造模型重新评估和预测。算法应用见图 4 - 11。目前有两个研究模型：一个是债券违约模型，根据债券发行主体 $T-1$ 年财务数据预测 T 年是否发生债券违约。另一个是公司舞弊模型，根据上市公司 $T-1$ 年财务数据预测 T 年是否发生违规行为，为预测债券发行主体未来是否违规从而导致债券违约情况提供参考价值。如果说发债主体盈利能力差，存在舞弊行为，那么其本身发债能力就差，发债后无法偿还本息的概率就高。所以可以用两个模型来同时预测，若两个模型均预测出债券违约风险高，则该投资可能面临较高的风险。

两个模型均采用了 LightGBM 算法，这是个快速的、分布式的、高性能的基于梯度提升决策树（GBDT）的梯度提升框架，具有更快的训练速度、更低的内存消耗、更高的准确率。LightGBM 算法可以计算出精确率、召回率等评测指标，其中的核心指标为召回率，

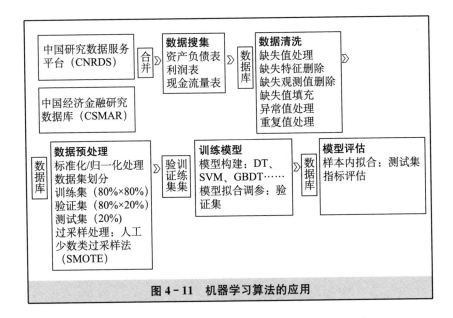

图 4 - 11　机器学习算法的应用

即在实际发生债券违约的公司中，我们能提前预测出的比例。

我们依旧可以构建包含目标因子和影响因子的模型：在债券违约模型中，目标因子选取债券发行主体 2014 年至 2021 年（以 4 月 30 日为界）是否发生违约（若发生违约取值为 1，未发生违约则取值为 0），影响因子选取债券发行主体 $T-1$ 年（2013—2020 年）财务报表数据；在公司舞弊模型中，目标因子选取上市公司 2011 年至 2020 年（以 4 月 30 日为界）是否存在违规行为（若存在违规行为取值为 1，未存在违规行为则取值为 0），影响因子选取上市公司 $T-1$ 年（2010—2019 年）财务报表数据。

通过实际验证，债务违约模型的召回率约达 81%，即在实际发生违约的 100 只债券中，我们可以提前发现 81 只。公司舞弊模型的召回率为64％，舞弊概率高的企业，其债券违约概率也相对高。两个模型均取得了不错的应用效果，可以让债券投资者根据预测结果提前避"雷"，从而规避风险。

基于以上建模结果，可专门为市场投资者开发一套债券信用风险预测软件平台：根据债券历史数据进行自动建模和学习，挖掘出债券市场中隐藏的行为规律，并以此为依据对下一年债券是否发生违约进行预测。该软件平台能够帮助投资者判断某只债券未来的信用风险，从而提高投资决策的科学性，降低投资风险。

4.3.2　智能财务舞弊预测

不管是在一级市场还是二级市场，不管是个人投资者还是机构投资者，在做投资决策时都十分重视标的公司的财务状况，如果对财务报表存疑，那么投资风险可能是非常高的。如果能提前预测标的公司的舞弊情况，提前验证财务报表的真实性、可靠性，将会极大地降低投资风险。因此，在解决训练样本非平衡问题的基础上，我们将探究一个新的机器学习方法在财务舞弊预测中的应用，进一步优化预测效果。

1. 智能财务舞弊预测模型构建

我们可以构建包含目标因子和影响因子的模型，在 CSMAR 中的违规信息总表中选择存在虚构利润和虚列资产两种违规行为的上市公司作为发生财务舞弊的公司。目标因子选取上市公司是否因财务舞弊被中国证监会处罚，若被处罚取值为 1，否则取值为 0。影响因子选取上市公司财务报表指标。选用的机器算法同样为 LightGBM 算法。

但这样构建的模型存在样本非平衡的问题，即目标因子的取值分布很不平衡，取值为 0 的公司多，取值为 1 的公司少。在37 221个样本公司中，仅有 550 家公司因财务舞弊被处罚，而 36 671 家公司不存在舞弊行为。但实际上，我们看到的舞弊行为只是冰山一角，在看不到的海面之下还有更多的舞弊行为未被发现。为解决样本非平衡的问题，我们可采用欠采样的解决方案，从多数类样本中抽取一部分并舍弃其余部分，即从目标因子取值为 0 的公司中选取一部分作为样本。

2. 智能财务舞弊预测结果

经过验证，利用模型根据 A 公司 2019 年年度财务报表进行预测，可得到其财务舞弊概率为88.7%，根据 B 公司 2019 年年度财务报表进行预测，可得到其财务舞弊概率为 58.0%。两个测试结果均高于阈值 50%，说明该模型具有较强的预测性和检测性。

此外，我们还利用行业分析完成了另外两个验证。在图 4-12 中，深色柱表示实际各行业发生舞弊的公司数量除以该行业的公司总数的值，浅色柱表示使用 LightGBM 模型预测的各行业发生舞弊的公司数目除以该行业的公司总数的值。我们对 2017 年所有上市公司实际舞弊情况与预测舞弊情况进行对比，发现预测的数值分布趋势与实际的数值分布趋势类似。

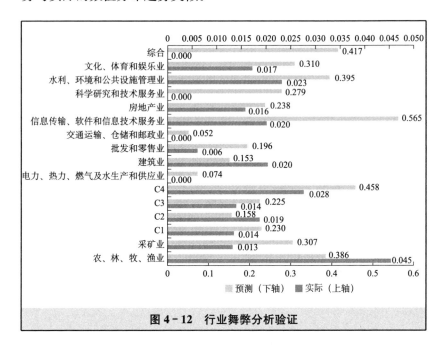

图 4 - 12　行业舞弊分析验证

在图 4 - 13 中，我们用证监会的监管问询情况进行验证，因为证监会往往高度重视上市公司的财务状况，预测舞弊的概率越高，监管问询的比例通常也更高。因而，我们对各行业上市公司 2018 年年报的财务舞弊情况加以预测，并与 2019 年发布的针对 2018 年年报的问询数据加以比较。深色柱表示各行业中被证监会问询的公司数除以该行业的公司总数的值，浅色柱表示根据 LightGBM 模型预测得到的各行业发生舞弊的公司数目除以该行业的公司总数的值。模型预测发生舞弊行为概率最高的前三个行业为：信息传输、软件和信息技术服务业，文化、体育和娱乐业，以及水利、环境和公共设施管理业。实际上，发生舞弊行为概率最高的三个行业为：租赁和商务服务业，信息传输、软件和信息技术服务业，以及文化、体育和娱乐业。预测结果与实际结果相对比，不难发现有两个行业的预测结果与实际结果是相吻合的，但水利、环境和公共设施管理业并未被证监会给予较多的问询。我们可以存疑：证监会是否可能忽略了水利、环境和公共设施管理业的高风险？

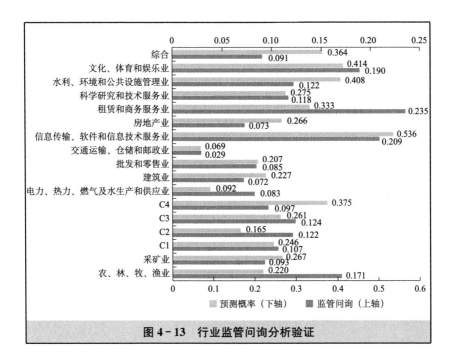

图 4 - 13　行业监管问询分析验证

从整体来看，我们利用机器学习技术对财务舞弊进行预测，达到了不错的应用效果。其实，财务领域的很多方面、很多指标都是可以做预测的，只要预测的准确性是可以接受的，那么我们就可以根据预测的结果让计算机给出可供参考的方案，而这实际上也是智

能财务的核心价值。未来，我们应重点思考如何让更多的财务场景
利用 AI 技术实现智能化转型。

4.4　大数据审计

4.4.1　大数据审计的基本流程

1. 数据采集与集成

在大数据时代，审计人员不仅可以取得结构化数据，还可以取
得来自通信、银行、物流等行业的图片、音频、视频等非结构化数
据，来判断业务的发生与否。[①] 对于这些信息，我们可以运用 R 语
言、Python 或 RPA 等工具进行抓取，完成数据采集工作。

在数据集成的过程中特别需要注意数据格式的转换问题。大数
据时代数据量大、文件类型多样，不同格式数据之间的兼容、匹配
成为数据处理环节的一大难点。通用软件之间的格式转换主要通过
软件自带的外部数据导入链接、将源文件导出为所需格式的数据等
方法完成。[②]

---

① 顾洪菲. 大数据环境下审计数据分析技术方法初探［J］. 中国管理信息化，2015
（3）：45－47.

② 陈伟. 计算机辅助审计原理及应用［M］. 4 版. 北京：清华大学出版社，2020：
75－78.

2. 数据预处理与存储

获取数据后首先需要进行数据的验证工作，以保证所采集审计数据的真实性和完整性。我们可以通过核对数据总记录数、主要变量统计指标、借贷是否平衡、凭证号是否有重复或遗漏等方法[①]，核对所采集的审计数据，确保审计数据真实、完整。数据验证之后需要进行预处理工作，这是大数据审计工作的重要环节。审计人员通过手工清理和指定清理规则自动清理两种方法处理脏数据，借助 Excel、SQL 函数、Python 中的 Pandas 数据处理工具等完成。

审计工作的特点决定了审计数据的保存一方面要保证安全性，不能遗失或泄露审计证据，另一方面要保证大容量，可长期存储多种类型的大量数据。目前可借助 HDFS 或云计算平台完成数据的管理存储工作。

3. 数据建模分析

（1）大数据智能分析技术。

大数据智能分析技术主要是强调计算机的计算能力，运用目前较为流行的机器学习、人工智能等数据挖掘方法，从计算机的视角

---

① 陈伟. 计算机辅助审计原理及应用 ［M］. 4 版. 北京：清华大学出版社，2020：149 - 151.

出发代替人工完成一些审计线索发掘工作：1）数据挖掘可以通过分类、聚类、异常、演化等方法[①]，高效地分析海量数据，帮助审计人员发现事先难以发现却对审计工作潜在有用的信息。2）自然语言处理致力于让计算机理解和处理人类的语言。在目前的审计工作中，自然语言处理技术可用于文本相似度分析、信息抽取、文本挖掘、语音识别、信息检索等方面。[②] 3）社会网络分析是研究个体、群体或社会之间的社会关系结构及其属性的规范和方法。目前主要的社会网络分析软件包括 Python、Gephi 和 Pajek 等，审计人员利用社会网络分析软件可以分析企业内部控制和关联方。

（2）大数据可视化分析技术。

相比于大数据智能分析技术，大数据可视化分析技术更强调人机交互[③]，计算机出具可视化图表，审计人员根据知识和工作经验做出职业判断，发现可疑线索，获取审计证据。可视化技术的另一个应用是，针对文本等非结构化信息的分析，审计人员可以通过绘制词云图展示文本中的高频关键词，快速找到审计工作的重点。

（3）大数据多数据源综合分析技术。

大数据多数据源综合分析技术强调跨行业、跨类别数据的综合

---

① 鲍朔望. 大数据环境下政府采购审计思路和技术方法探讨 [J]. 审计研究，2016 (6)：13 - 18.

② 张志恒，成雪娇. 大数据环境下基于文本挖掘的审计数据分析框架 [J]. 会计之友，2017 (16)：117 - 120.

③ 陈伟. 基于大数据技术的 BCM 审计方法研究 [J]. 会计之友，2019 (11)：113 - 116.

比对与关联分析。① 例如可以通过外部工商数据、税务数据、社交媒体数据、第三方咨询机构数据等与企业内部数据进行对比，发现异常数据，挖掘可疑线索。但是在获取数据的过程中，要特别注意数据源的独立性，防止出现不同数据来自同一源头的情况，影响分析效果。

4. 分析结果展示

审计的最终结果可以通过可视化的方法展示出来，将复杂的审计数据通过网络图、树状图等多种形式清晰地展现出来。仪表板是同时展示多种图表的有效工具，能够直观地反映不同图表之间的联系，便于对比分析，特别是通过可视化仪表板展示公司往年情况和同行业其他公司情况，便于审计师进行横向、纵向分析。在审计报告阶段，可以利用动态图、立体图、块状图等多角度展示财务报表，增强报表的可读性。

4.4.2 基于某制造业企业 IPO 项目的案例分析

我们以某化工类制造业企业首次公开募股（IPO）审计为例，分析了审计人员在进行大数据审计过程中可采用的一般性流程（见图 4-14）和方法。首先，从企业内部 Oracle 数据库中提取 2017—2019

---

① 陈伟. 基于大数据技术的 BCM 审计方法研究 [J]. 会计之友，2019 (11)：113-116.

年聚氯乙烯（PVC）、烧碱、水泥、熟料等产品的主要客户名单，完成预处理工作。其次，借助 Python 爬取客户的工商登记信息，与企业内部客户名单进行配对，以便后续分析工作开展。再次，将数据导入 Tableau、Gephi 等可视化工具，绘制词云图、散点图、气泡图、箱线图、条形图、折线图、填充地图等可视化图表，发现审计线索，结合审计人员职业判断获取审计证据。最后，运用可视化仪表板展示审计的过程和结果，帮助业务主管人员了解审计工作的进展和结果，特别是借助联机分析处理（OLAP）对数据进行有针对性的分析，排除其他非相关信息的干扰。同时可以通过矩形块图等可视化图表展示财务报表，增强企业年报的可读性。

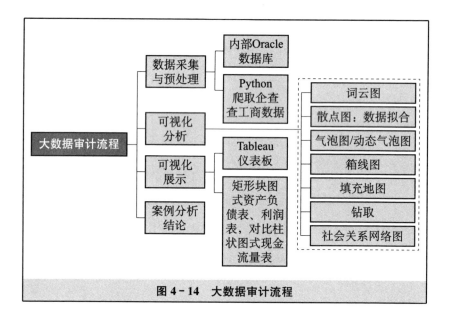

图 4 - 14　大数据审计流程

1. 数据采集与预处理

在审计工作当中，经常会涉及搜集外部网页信息，用来与企业内部数据进行对比或者协助审计人员进行分析的情况。例如，在关联方分析中需要提取企业的工商登记数据，如存续状况、法人姓名、股东及持股情况、统一社会信用代码、地址、经营范围等信息。传统做法下，审计人员将 Excel 表中的企业名单逐一在国家企业信用信息公示系统、天眼查、企查查等网站中查询，再将查询后结果逐一复制在 Excel 表格当中，不仅耗费时间精力，还可能忙中出错，影响后续审计结果。

在大数据审计当中，可以利用 Python 编写程序，自动提取外部网站当中的数据，提高效率和准确性。[①] 在本案例当中，我们在企业内部 Oracle 数据库中提取了 2017—2019 年 PVC、烧碱、水泥、熟料等产品的主要客户名单，共 231 家。通过 Python 在工商网站中查询这些客户的存续状态、股东背景等信息，能够有助于判断收入的真实性。例如，倘若发现某家新成立企业销量巨大，或者好几家企业拥有同一个股东，就需要审计人员提高警惕，对这些企业做进一步核查。

除了 Python 之外，还可以通过 R 语言开发工具，采集文本文件

---

① 陈伟，孙梦蝶. 基于网络爬虫技术的大数据审计方法研究［J］. 中国注册会计师，2018（7）：76 - 80.

数据、网页数据、Access 与 Oracle 数据库数据等多种类型的数据，提高审计工作效率。

2. 可视化分析

（1）利用 Tableau 进行可视化分析。

俗话说，一图胜千言。相比于数字，图像具有清楚直观、简单方便的特点，特别是在大数据时代，面对庞杂的审计数据，审计人员更加需要通过图像来发掘、展示审计证据，提高审计工作的效率和可理解性。因而，我们选取了 Tableau 软件进行可视化分析。

1）词云图。2017—2019 年该公司 PVC、烧碱、水泥、熟料等产品共有 231 个主要客户，为核实销售收入的真实性，审计人员需要选取重要客商进行电话访谈或实地走访。若认为销售额大、毛利高的客户是重要客户，信息化环境下可通过 Excel 或 SQL 排序筛选客户。如图 4-15 所示，颜色越深代表该公司销售金额越高，颜色越浅代表销售金额越低，字号越大则代表毛利越高。可以看出，在该公司的客户当中销售金额高、毛利高的是浙江××控股集团股份有限公司、浙江××氯碱化工有限公司、山东××能源××××铝业有限责任公司等。因此，审计人员可以通过词云图快速找到重要客户，进行后续的访谈或实地走访等审计程序，确保销售收入的真实性。

图 4 - 15　Tableau 词云图示例

2）散点图。散点图常用来表示 X、Y 坐标轴之间数据的变化关系。在 Excel 当中，可以将一个维度和两个度量指标融合在一张图表当中进行分析，例如将销售金额和利润、商品品类相结合进行分析。但是在 Tableau 当中，可以将三个维度和两个度量指标相结合，显现出更多的信息。本案例中，我们可以按时间和产品类别，观察毛利率的变化情况。从图 4 - 16 可以看出，神木市××水泥有限责任公司连续两年毛利率为负，也就是说企业连续两年向该公司销售熟料的业务都是亏损的，这一现象值得重点关注，应采取进一步的审计程序，判断企业向该公司的销售定价是否合理，是否存在定价不公允等问题。

散点图还有另一个重要功能就是数据拟合。本案例中，我们还可以分析不同类型产品销量和毛利之间的关系。如图 4 - 17 所示，

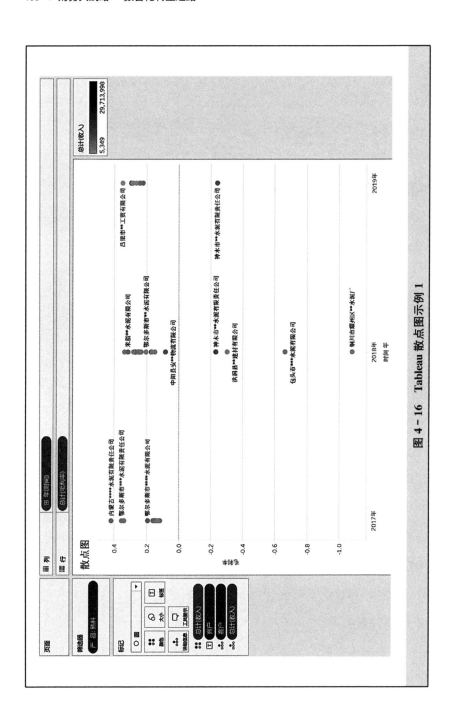

图 4 - 16 Tableau 散点图示例 1

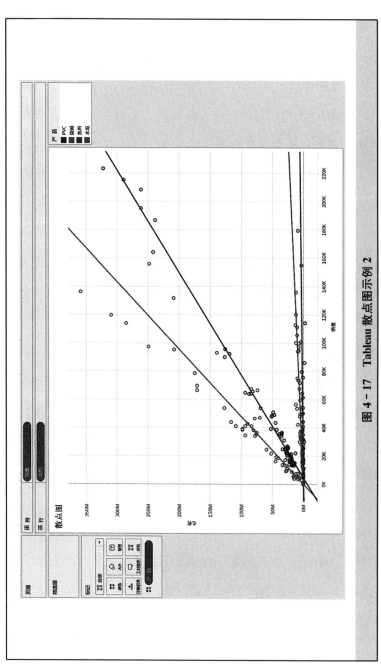

图 4 - 17　Tableau 散点图图示例 2

注：图中的四条斜线自上而下依次代表烧碱、PVC、水泥和熟料。由于印刷问题，原色难以清晰显示，特此说明。余同。

四种产品当中，烧碱的单位产品毛利最高，熟料的单位产品毛利最低。同时可发现，除烧碱外，其他三类产品的单位产品毛利比较稳定。

3）气泡图。气泡图可以用来表示 X 轴、Y 轴之间的数量变化关系，并通过气泡大小直观反映数值的大小。气泡图与散点图有一定的相似之处，都是通过点的位置表示数量关系，也可以像彩色散点图那样给不同的气泡上色，不同之处在于气泡图可以在图中额外加一个大小变量反映数量关系。在本案例中，我们可以了解不同产品类别近三年的销售金额变化情况。在图 4-18 中，颜色越深代表时间越久，我们可以清楚地发现随着时间的推移，PVC 和水泥的销售金额逐年增加，而烧碱和熟料则有小幅下降。

4）箱线图。箱线图是一种用于显示数据分散情况的统计图表，用上边界、下边界、中点、上四分位数、下四分位数五个点对一个数据集进行简单总结，不受异常值的影响。在本案例当中，我们可以分析被审企业产品售价是否公允，有无异常情况。如图 4-19 所示，随着时间的推移，PVC 产品的平均售价逐渐增加，从 2017 年至 2019 年箱线图的箱体长度变短，说明售价的波动幅度在减小，逐渐趋于稳定。令人意外的是，2017 年广东××科技实业有限公司销售价格远低于同期其他企业，而同期销售量最高的浙江××控股集团股份有限公司却拥有最高的 PVC 销售价格，与销量越高价格越低的认知相违背，可能存在合同规定其他优惠条款、销售价格不公允等情况，需要对两家公司实施额外的审计，获取审计证据。

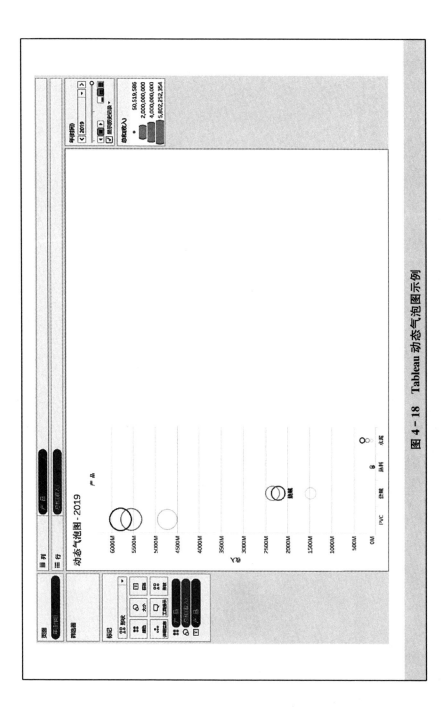

图 4 - 18 Tableau 动态气泡图示例

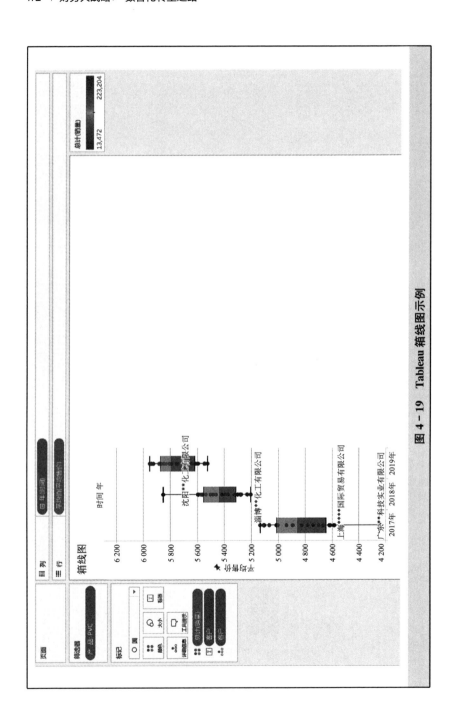

图 4－19　Tableau 箱线图示例

5）填充地图。在审计过程中，经常会碰到有关产品销量、销售额等地区分布的信息，审计人员可以通过制作可视化地图，直观地将地理数据和财务、业务数据相结合，展示不同地区产品的销售情况，发现毛利率异常的区域，执行后续的审计程序。例如可以用颜色深浅代表销售额的多少，用图形的大小来表示利润的多少。

6）钻取。钻取是非常实用的可视化 OLAP 操作，可以在利用可视化图表分析业务问题时，由宏观层面向下逐级钻取，直到获得明细数据；或者先展示明细数据，再向上钻取至汇总数据。审计人员可以通过创建分层结构，逐层分析、展示这些科目的数据结构，使审计工作更加明晰、有条理。

在本案例当中，我们可以对四类产品在不同区域、不同地区的销售情况进行分析。为了能将各省份名称和华北、东北等区域名称形成关联关系，需要先创建层级结构。创建层级结构后，先将宏观层面维度"区域"拖拽至"行"，点击维度前方加号即可向下钻取。钻取后，同样点击明细层面维度"区域"前面减号即可进行上卷操作。Tableau 钻取如图 4 - 20 所示。

（2）社会网络分析。

在审计工作当中，社会网络分析有着广泛的运用空间：一方面可以在内控分析当中，通过追踪企业内部单据签字流程，画出流程关系图，发现流程审批缺陷，评估企业的内控情况；另一方面，也可以用于关联方分析领域。关联方舞弊是财务舞弊中常见的类型。常用的社会网络分析工具包括 Gephi、Pajek、Python 和 R 语言等，

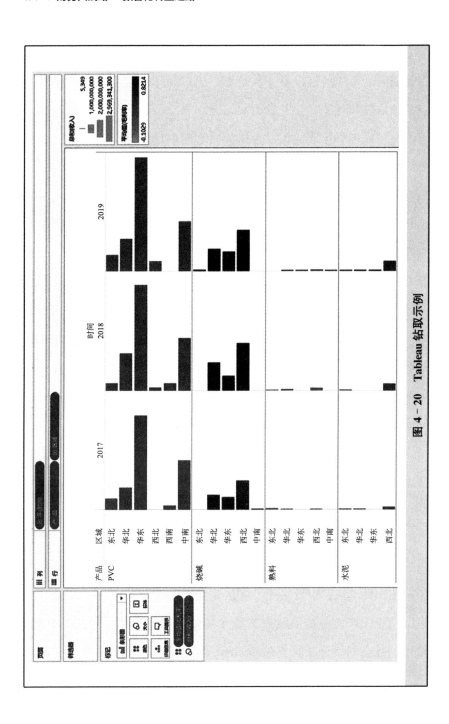

图 4 - 20 Tableau 钻取示例

其中 Gephi 是一款开源的跨平台复杂网络分析软件，可以用于探索性数据分析、链式分析、社会网络分析、可视化分析等诸多方面。

图 4-21 就是用 Gephi 绘制的被审企业 2019 年 PVC 客户股东关系情况。我们发现广东×××投资有限公司的股东之一是揭阳市××化工助剂有限公司，而揭阳市××化工助剂有限公司也是被审企业 2019 年 PVC 产品的销售客户。因此，在审计过程中，需要对被审企业与揭阳市××化工助剂有限公司、广东×××投资有限公司之间的业务往来重点关注，观察是否存在异常业务往来。

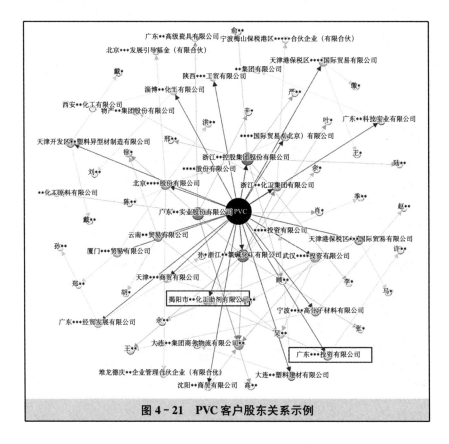

图 4-21　PVC 客户股东关系示例

3. 可视化展示

相比于数据，可视化工具的特点在于可以清楚直观地展示信息，便于理解。在大数据审计时代，我们可以使用仪表板和可视化财务报表，清楚地展示审计过程和结果。

仪表板是显示在单一位置的多个工作表、图形的集合，能够同时比较多种数据，还可以在仪表板上添加筛选器、突出显示等，实现关联数据的交互分析和展示。Tableau 仪表板如图 4 - 22 所示，相比于 Excel，Tableau、FineBI 等商业智能工具在数据可视化方面最突出的功能是联机分析。在仪表板中可实现各图表之间的联动，从而使数据使用者能够从多维的视角对相关数据进行分析并做出决策。

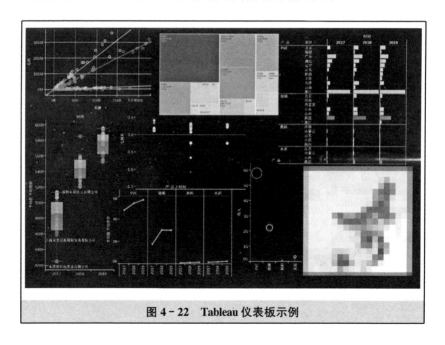

图 4 - 22　Tableau 仪表板示例

　　除了仪表板之外，还可以利用可视化技术出具财务报表。现有财务报表以 Excel 表格为主，能够全面呈现企业各科目的金额信息，但是可读性较差，对于非财务专业报表使用者不够友好，因此可以通过可视化财务报表帮助报表使用者理解财报，增强财务报告的可读性。我们使用矩形块图完成资产负债表的可视化，可视化后的资产负债表通过矩形图块的颜色深浅、大小，可显示科目的金额或者占资产比重的多少①，具有一目了然的效果。如图 4 - 23 所示，颜色较深、矩形块较大的为占比较多的科目。可以直观看出在该制造业企业中，固定资产、实收资本、应收票据、应付账款等属于占比较大的科目。

4. 案例分析结论

　　总而言之，审计人员可以借助 Python、RPA 等技术，搜集大量的外部结构化、非结构化数据，增强审计证据的充分性；同时在数据分析阶段，借助 Tableau、Gephi 等可视化技术，能够直观地发现疑点数据，挖掘审计证据，从而提高审计效率，更为客观地进行审计评价。近年来，大数据技术在审计工作中的应用日益广泛，智能审计的时代已经到来。

　　当然，目前大数据可视化技术尚未完全成熟，在实际应用过程中，仍存在一些问题和需要改进之处。例如本案例中涉及数据的互

---

　　① 管彦庆，杨喜梅，博斌 . 我国企业财务报告的可视化研究：基于上市公司合并资产负债表的 Treemaps 图形化视角 [J]. 中国注册会计师，2014（9）：74 - 79.

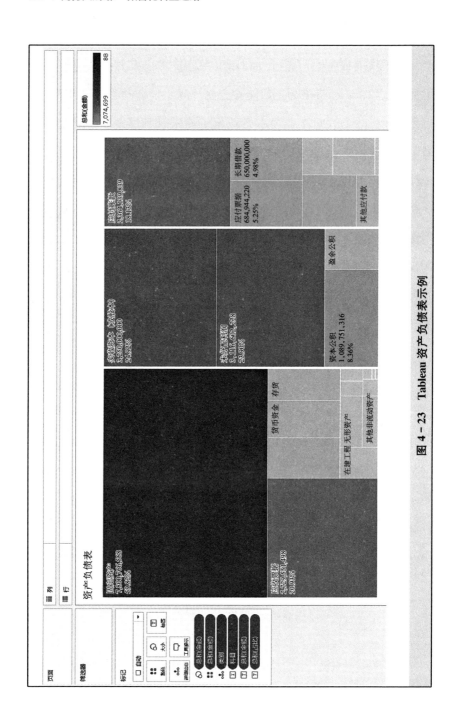

图 4 - 23　Tableau 资产负债表示例

联互通问题，而企查查、天眼查等外部信息网站采取了反爬虫设计，增加了利用大数据技术爬取信息的难度，阻碍了数据的提取分析。另外，对于数据量过大，可视化图表分析中信息过密、不够直观的问题，需要对数据进行筛选处理，以保证图像数据清晰明了、一目了然。此外，在大数据审计过程中，可视化技术更多的是起到辅助分析、展示的作用，审计人员需要根据所需审计工作的要求和职业判断，选择恰当的可视化图表，发现可疑数据，结合其他审计程序获取审计证据。

4.5　基于机器学习的企业应收账款预测

近年来，随着经济全球化，商业竞争加剧，商业信用获得长足发展，各类企业应收账款（accounts receivable，AR）的规模持续增长，但与之相随的是回款周期延长，坏账损失扩大，AR 管理更需引起重视。

4.5.1　传统应收账款事前管理存在的不足

目前传统的应收账款管理大都忽视了事前管理，往往只在应收账款产生后进行定期催收，由于未进行事前预测而缺乏针对性，对信用状况和付款时间不同的客户会进行相同频率的催收。这种传统的应收账款管理方式过于粗放，缺乏针对性，难以有效提高应收账款周转率，存在一些问题，具体体现在以下几个方面：

（1）应收账款管理环节割裂，缺乏对客户信用状况的关注。

企业销售部门往往以销售业绩为导向，不注重分析客户的信用状况和偿还能力。制定企业信用政策，确认坏账损失的是企业的财务部门，其往往更关注客户的信用状况和销售回款情况，也有较为全面的内控知识，但由于缺乏与客户的沟通机会，难以真正了解客户情况。缺乏专门的信用管理部门，或者部门之间缺乏配合，均会导致企业应收账款管理事前、事中、事后三个环节割裂，无法做出更符合企业整体利益的赊销决策。同时，应收账款产生之前，缺乏对客户信用状况和付款情况的预测，一方面增大了坏账风险，另一方面不利于后续有针对性地对客户进行催收。

（2）评价客户信用状况的方式主观性强，准确度低。

目前一些企业缺乏信用状况调查和评价的意识，也无可行的信用评价制度。但也可以看到，大规模的企业越来越关注应收账款事前管理，开始评价客户的信用状况。但目前常采用的传统评价方法，例如信用5C分析法，是在选定考察角度后，由专家给出评分，这样的评价方法通常包含过多的主观判断，过度依赖专家水平，更容易导致评价结果准确性低，与实际情况不符。对客户信用状况的评价结果决定了企业对客户付款时间的预测结果和将会采取的信用政策，如果评价结果误差过大，将非常不利于应收账款的后续管理，也不利于做出合理准确的资金安排。

（3）无差别催收，缺乏针对性，催收效率不高。

应收账款催收往往以定期发邮件、打电话等方式进行，针对不同客户的催收频率通常相同，这很容易过多打扰信用状况良好，预计会较早付款的客户，为其带来不愉快的体验，降低其对于企业的评价。此外，应收账款逾期后，面对大量需要催收的客户时，催收人员如何决定先打电话或发邮件给谁？由于催收人员的业绩将根据收回的资金数额来评估，所以他们往往会选择交易金额更大的客户。但交易金额更大并不等于客户的信用风险更高，付款时间更晚，因此这种催收顺序安排缺乏科学依据。传统的无差别催收方式不仅容易造成企业资源的浪费，还可能给信用良好的客户带来不好的合作体验，增加企业客户流失的风险。

4.5.2　基于机器学习算法的客户付款时间预测模型构建流程

改善传统应收账款管理中存在的问题，最需要的即为在应收账款产生之前预测客户是否会逾期付款以及大致的付款时间，以作为赊销决策和后续资金安排的最主要依据。要进行预测，理想方式即为构建一个预测模型，将客户相关数据输入以获知其付款时间。由于进行客户付款时间预测时，要求模型输出的必须是"逾期×天""按时支付"等确定值，因此，构建客户付款时间预测模型时应该使用监督学习算法。

1. 获取数据并预处理

通过监督学习算法构建预测模型的首要步骤即为获取客户数据。机器学习算法中的可观测"特征"，算法原理即为通过可用的训练数据调整模型参数，从而学习从特征到输出变量的映射。因此，这些特征必须与输出的预测结果有相关性，这就决定了应该根据所构建模型的用途选择相关数据。

由于拟构建的是客户付款时间预测模型，因此应该重点获取客户的过往交易表现、财务状况、行业信息等数据。客户的过往交易金额、付款方式、付款情况等历史交易表现数据应该从本企业的会计、销售等系统中获取，客户的资产、负债、偿债能力、获利能力等数据可以由客户提供，如果客户是上市公司，还可以从相关数据库或公开信息中获取；客户所处行业及行业是否景气等信息可通过查阅资料等方式获取。获取数据时不仅需要考虑获取的数据的类型，对于与时间相关的数据，例如资产、负债等数据还应该考虑所获取的数据的时间区间，一般时间越近的数据对于预测结果的贡献越大。

获取数据后需要经过预处理，不仅要对缺失值进行处理，还需要将数据转化为计算机可理解的形式。一方面，获取数据时，总会有无法获取到某些数据的可能性，对数据缺失情况必须加以处理。如果某一字段下的数据缺失值超过一定比例，应该将该字段全部删除。如果某一字段下的数据缺失比例未超过一定标准，则无须删掉该字段，但仍应用一定方法补充缺失值，依据字段性质，可选择用 0 或者该字段的平均值、众数等统计值进行补充。另一方面，输入的数据必须以能被计算机理解的形式呈现。行业、付款方式、行业是否景气等信息，往往无法直接被计算机理解，需要将其进行转换，例如行业可被赋予不同的数字加以区分，这里的数字并非"行业"字段的数值，而只是一种标签；将现金、支票等付款形式对应不同数字；行业是否景气可根据获取的资料进行判断后分类，可分类为不景气、前景一般、前景好等类型，并对应不同数字。

2. 样本平衡处理

样本不平衡指数据集中，不同类别的样本数据量差异极大。用不平衡样本进行机器学习分类，会导致模型难以学习到样本数据量较少的类别的特征，还会导致模型更倾向于将新数据预测为样本数据量更多的那一类，在新数据中会得到较低的预测准确性。因此，如果样本不平衡，应该对样本进行平衡处理。平衡处理的策略很多，包括过采样（通过增加少数类的样本量来缩小数据量间的差距）、欠采样（通过减少多数类样本来缩小数据量间的差距）、组合采样方式（结合了过采样与欠采样方式）。

3. 数据降维

客户相关数据是一个庞大的数据集，即便是有选择性地获取客户数据也会得到维度相当多的数据集。虽然从理论上讲，更多的特征意味着分类时具有更强的鉴别能力，但并非所有特征都对理解或挖掘数据之间的潜在关系很重要，而且如果处理的数据维度过多，机器学习会消耗大量资源，严重拖慢运算速度，所以必须对数据进行降维处理。数据降维是指减少描述样本数据的维数，其目的是使用更少的特征来表示数据，以降低计算成本，但同时也要保证不恶化鉴别能力。虽然数据降维通常会导致丢失信息，但由于实际数据之间可能存在相关性，所以可通过一定方法在降维的同时尽量降低信息损失。

4. 数据划分

利用训练出的模型预测新样本，最终预测结果的正确程度被定义为泛化能力。模型的泛化能力通常使用训练集之外的样本进行评估。为了满足这一需求，通常将获取的所有数据分为两部分。其中一部分用于训练模型，其余部分用于计算该模型的误差，以检验模型的泛化能力。第一部分称为训练集，通常代表数据中更大的部分（例如 70% 的部分）；第二部分称为验证集，一般认为，在验证集上进行验证时，误差最小的模型是最好的。

5. 构建模型并检验精度

用于构建客户付款时间预测模型的监督学习算法有很多，例如决策树、GBDT、随机森林（random forest）、神经网络、SVM 等。不同的算法有各自的特性和优劣势，在有条件的情况下，应该使用多种算法构建模型，通过比较预测结果的准确性选择精度最高的模型并确定为最终算法，之后进行调参等后续步骤，不断提高模型的精度。

4.5.3　客户付款时间预测模型构建的案例

1. 数据获取

我们选用与 A 企业进行交易的客户公司作为样本，客户公司名单由 A 企业提供。A 企业的合作客户数目众多，包括上市公司和非上市公司。由于难以获得非上市公司的内部财务数据，同时整理后发现上市公司数量达百余家之多，可用的交易数据 2 000 余条，通过平衡后的数据规模能够获取较准确的预测结果，因此最终选择采用与 A 企业合作的上市公司的相关数据进行预测模型的构建。

在变量选取方面，选择两类数据作为模型的输入变量。一类是包含应收账款相关信息的数据，数据由 A 企业提供，包括合同金额、订单发生时间、客户名称等字段；另一类是客户财务状况相关信息，数据从 CSMAR 下载，累计选取了 40 个财务特征数据。

2. 数据处理

数据处理包括数据预处理与数据降维。

数据预处理的目的是使所获得的数据经过处理之后可直接进行运算。首先对特征字段和数据标签进行区分，由于预测模型的目的是预测客户付款时间，所以应收账款的账龄即可作为数据标签，并且该标签必须以计算机可理解的形式呈现。由于所获取的数据中只有应收账款的发生时间，因此账龄需要经过计算，而数据是 A 企业于 2021 年 12 月 27 日从订单系统中导出的，因此将 2021 年会计期末（2021 年 12 月 31 日）作为计算账龄的截止日期。经过查阅文献，采用常用的账龄划分方式，将应收账款账龄划分为四种类型，即 0～1 年、1～2 年、2～3 年、3 年以上，并分别用 0、1、2、3 表示为计算机可识别形式。至此，将应收账款账龄字段作为数据标签，其余字段均作为特征字段。

区分数据标签与特征字段后需要进行缺失值处理。对各特征字段的缺失值比例进行计算，删除缺失值比例较高的字段。所有特征字段中，"现金流量利息保障倍数"字段缺失值比例高达 52.31%，直接将该特征字段删除。其余特征字段缺失值比例均不超过 20%，暂时予以保留，并尝试对缺失值进行补全处理。但考虑到各特征字段均不是连续字段，无法使用平均值、众数等统计值进行补全，而用"0"补全又不合逻辑，为了保障数据的逻辑性和可解释性，拟将含有缺失值的特征字段全部删除，删除这些字段后发现剩余字段所包含的财务信息仍然较为全面。

经过数据预处理后，整体数据呈现为一个数据标签、19 个特征字段，数据维度已经减少，无须单独进行数据降维，因此略过该步骤。数据标签与特征字段说明见表 4－1。

表 4-1　数据标签与特征字段说明

数据标签	账龄编码
	行业代码
	实际金额
	资产总计
	负债合计
	营业总收入
	营业收入
	总利润
	净利润
	雇佣人数
特征字段	所有者权益合计
	经营活动产生的现金流量净额
	资产负债率
	权益乘数
	有形净值债务率
	营业利润率 TTM
	营业收入现金净含量 TTM
	总资产增长率
	可持续增长率
	每股收益

注：TTM 指最近的连续 12 个月。

3. 数据划分、交叉验证及样本平衡

由于样本集中账龄为 3 年以上的样本数量过少，样本不平衡问题严重，因此需要进行样本平衡。考虑到样本数量不多因此选用过采样方式，而数据集的特征属性数量少，属于低维数据集，因此

较适合选择 SMOTE 算法进行样本平衡。平衡后的样本集情况如表 4－2 所示。

表 4－2　样本平衡后样本分布情况

账龄情况	样本量
0～1 年	2 319
1～2 年	2 319
2～3 年	2 319
3 年以上	2 319

处理后的数据需要进行划分，从整体样本中划分一定比例的数据进行训练。由于样本量较低，为了使机器学习能尽量学到数据分类规律，因此拟采用 90％的比例进行数据划分，并在划分过程中进行数据洗牌，即将数据完全打乱顺序，保证划分是随机进行的。在划分出的 90％比例的数据中进行交叉验证，寻找最优参数组合，最终模型在预留出的 10％数据量的测试集上测试预测准确度。

4. 构建客户付款时间预测模型

我们通过 Python 构建机器学习分类代码，对于样本数据进行学习。如表 4－3 所示，为了选择更合适的算法，构建精确度更高的预测模型，我们用 GBDT、随机森林、决策树、支持向量机四种预测算法进行模型构建，在未调参的情况下，比较各种模型的预测准确率和 F_1 值，将预测准确率和 F_1 值最高的算法视为最适合构建客户付款时间预测模型的算法，并进行深入研究，通过参数调整，不断提高模型预测准确度。

表 4 - 3　不同算法构建的模型的评估结果

算法名称	交叉验证集上的预测准确率平均值	测试集上的预测准确率	交叉验证集上的 F_1 分数平均值	测试集上的 F_1 分数
GBDT	94.094%	94.289%	0.941 0	0.942 9
随机森林	93.795%	93.966%	0.937 9	0.939 6
决策树	93.519%	93.858%	0.935 7	0.938 5
支持向量机	84.200%	85.022%	0.838 0	0.847 0

通过比较最终的模型在交叉验证集以及测试集上的预测准确率及 F_1 分数，最终发现 GBDT 算法构建的模型表现最好，因此认为 GBDT 算法是较为合适的构建客户付款时间预测模型的算法，对其进行详细分析。如表 4 - 4 所示，经过参数调整后，最优模型在交叉验证集和测试集上的预测准确率和 F_1 分数均有提高，证明模型的预测能力增强。

表 4 - 4　最优模型的评估结果

算法名称	交叉验证集上的预测准确率平均值	测试集上的预测准确率	交叉验证集上的 F_1 分数平均值	测试集上的 F_1 分数
GBDT	94.837%	94.935%	0.946 2	0.948 9

部分账龄预测结果见表 4 - 5，并对预测错误的情况进行标灰强调。

表 4 - 5　部分账龄预测结果

股票代码	公司名称	真实值	预测值
002991	甘源食品	1	1
002400	省广集团	0	0
000419	通程控股	1	2

续表

股票代码	公司名称	真实值	预测值
000729	燕京啤酒	1	1
600600	青岛啤酒	1	1
300781	因赛集团	1	1
600600	青岛啤酒	1	0
600000	浦发银行	1	1
600839	四川长虹	2	2
605266	健之佳	1	1
000538	云南白药	1	1
300295	三六五网	2	2
603886	元祖股份	1	0
000538	云南白药	2	2
603288	海天味业	1	1
000651	格力电器	2	2
300805	电声股份	1	1
002154	报喜鸟	1	1
603515	欧普照明	1	1
603385	惠达卫浴	2	2
300295	三六五网	1	1
002697	红旗连锁	1	2
002271	东方雨虹	1	1
002818	富森美	2	2
002400	省广集团	1	0
002572	索菲亚	1	1
600887	伊利股份	1	1
300213	佳讯飞鸿	1	1
002400	省广集团	1	1

5. 预测结果的运用

我们运用 GBDT 算法构建的模型，能够快速得到更精准的预测结果：一方面较大程度上解决了以往客户信用状况判断不准确的问题；另一方面能够自动快速地输出客户付款时间预测结果，作为后期各项决策的依据，方便快捷，提高了决策效率。而且我们用于构建预测模型的特征字段不包括历史信息，均能够很方便地获取，即使是与企业第一次合作，尚无历史交易数据的客户，其付款时间也能够通过该模型进行预测。预测结果将能被运用于改善赊销决策、催收方式、现金决策等多个方面，这也是将机器学习技术引入财务领域最大的意义，即通过优于人的计算速度和计算准确度，降低不确定性。

4.6　基于机器学习的企业现金流预测

企业做好现金流预测，能帮助其实现稳健发展，尤其在进行重大战略调整等重要时段[①]，上市公司做好现金流预测能很好地防范管理层对应计利润进行操纵[②]，分析师发布的现金流预测有助于缓解应

[①]　王鑫龙. 基于现金流预测的企业资金管理研究：以中型制造业企业 M 公司为例 [J]. 纳税，2021（18）：169-170.

[②]　刘春力，傅代国. 分析师现金流预测、公司性质与盈余管理替代效应 [J]. 投资研究，2014（6）：79-92.

计异象①，抑制家族财务不端②，对盈余预测有正向影响③，同时能帮助监管部门做好信息监督，弥补信息匮乏缺陷，提升会计信息质量④。通过以往的文献来看，现金流预测之于政府监管、市场分析、企业管理、个人投资都十分重要，分析师发布的预测数量也逐年增加，人们对现金流预测的精准性也提出了更高要求，机器学习应用有了良好的土壤环境，高质量的现金流预测方法急需挖掘。

4.6.1 基于机器学习的企业现金流预测研究设计

1. 深度神经网络介绍

深度神经网络（deep neural networks，DNN）已被应用于多个领域，这不仅与硬件的发展息息相关，更离不开其自身优势。DNN的优越性在于其层数丰富，这意味着它能对大数据进行复杂计算和精准学习，从而进行多维表达并锻炼出从原始数据中提取特征的能力，这与手工提取特征相比，更加客观精准。自在语音识别、图像识别领域取得重大成功后，DNN的应用场景便逐步覆盖其他众多行

---

① 罗乐，李超凡，王生年. 分析师现金流预测如何影响应计异象？[J]. 管理评论，2018 (1)：154 - 165.

② 许琸. 家族企业"去家族化"、分析师现金流预测与财务不端 [J]. 财会通讯，2021 (20)：46 - 50.

③ 王菊仙，王玉涛，鲁桂华. 公司特征、现金流预测与分析师盈余预测质量 [J]. 中央财经大学学报，2017 (10)：65 - 77.

④ 袁振超，张路. 分析师现金流预测影响应计质量吗?：基于我国 A 股市场的经验证据 [J]. 投资研究，2013 (10)：108 - 123.

业，包括但不限于自动驾驶、癌症检测、复杂游戏等等。在医疗领域，由于模型经过海量数据的训练，具有极高准确率，因此将深度学习应用于病人恶性肿瘤的诊断能有效辅助医生做出判断；在安全领域，公安部门大量采集人脸信息，通过深度学习提取面部特征，这样当存在与不法分子信息相似的图像时，就能发出警告，提醒相关部门做好应对措施。DNN 应用的例子数不胜数，我们则尝试将其应用于现金流的预测。

2. 模型构建及预测过程

为满足企业在大数据时代的经营管理需要，促进企业健康成长，我们利用 DNN 并结合宏观因素以及沪深 A 股上市企业 2011 年的季度数据进行建模分析。建模和预测过程主要分以下几步：（1）划定训练集、测试集；（2）运用训练集调整参数以求最优模型；（3）运用测试集预测得出结果；（4）进一步研究，对变量的重要程度进行排序展示。

具体过程为：

（1）数据采集及清洗：从 RESSET 数据库导出沪深非金融、非 ST、非 * ST，且在 10 年前上市的 A 股企业 2010 年至 2020 年的季度报表数据和非报表数据，从统计局下载 10 个常用宏观指标数据，再删除缺失值大于 25％的变量，通过处理最终得到 1 421 家企业，278 个变量数据，之后运用 Z 分数（Z-score）对这些数据进行归一化处理，并用平均值填补缺失值。

（2）选定评估指标：包括平均绝对误差（MAE，用于衡量预测结果和真实值之间的接近程度，其结果越小，说明拟合效果越好，是最简单的回归误差指标）、均方误差（MSE，表示误差平方的期望值，能有效衡量预测值与真实值之间的偏差。与 MAE 类似，值越接近 0 越好）和可决系数（R-square，常写作 R^2，是反映拟合优度的一个比值，代表了自变量对因变量的可解释比例，取值区间为 [0，1]，取值越接近 0，说明拟合优度越差，反之，则拟合效果越佳）。

（3）搭建深度神经网络预测模型：经过 K-Fold 交叉验证法进行划分数据集操作并通过网格搜索自动调参法对学习率（learning rate）、批次大小（batch size）和隐藏层大小（hidden layer size）等待调整参数值进行选择后，得到的实验结果为：MAE＝0.153 6，MSE＝0.203 9，R-square＝0.847 7。MAE、MSE 数值接近于 0，R-square 数值接近于 1，说明模型起到了较好的预测效果。

（4）对变量的重要程度进行排序展示：DNN 具有说明单个变量的预测能力，能够通过输入变量的累计影响对不同变量的重要程度进行排序，排名前十的变量分别是：息税折旧摊销前利润、筹资活动产生的现金流量净额、每股息税折旧前利润、营业外支出、应交税费、息税前利润、自由现金流量、流动资产合计、国内生产总值累计值、应付票据及应付账款。它们的累计影响度高达 20.64％，因此，我们可以重点关注这十个指标，从而更精准地预测未来现金流。

在较好地检验了模型的有效性后，我们又通过 DNN 与逻辑回归（LR）、分类与回归树（CART）、支持向量回归（SVR）三种传统机器学习方法的比较，发现其他模型的预测能力相对 DNN 模型均欠佳，由此可见 DNN 模型相较传统的机器学习模型来说在财务领域具有更好的适用性和更高准确性。

4.6.2　基于机器学习的企业现金流预测案例

我们希望能通过机器学习中的深度学习构建一个预测现金流的方法，因此通过随机抽样的方式从 1 421 家企业中抽出了四家不同行业的企业来预测其 2020 年 9 月 30 日、2020 年 12 月 31 日的经营活动现金流净额，进而验证模型的有用性和普适性。四家企业分别为中国联合网络通信股份有限公司、安琪酵母股份有限公司、沈阳化工股份有限公司、中国长江电力股份有限公司。

1. 中国联合网络通信股份有限公司预测情况

中国联合网络通信股份有限公司（以下简称"中国联通"）于 2001 年成立，2002 年于上交所上市，股票代码 600050。其主要从事综合电信服务，多次进入世界 500 强企业名单，是我国三大电信运营商之一（其余两家分别为中国移动、中国电信）。

现主营业务有：移动宽带、信息通信技术服务、固网宽带、5G、固网本地电话、数据通信服务、全球移动通信系统（GSM）及其他相关业务。公司计划不断创新，未来将运用 5G、大数据等技术对数据和信息进行智能处理，加快公司数字化转型，不断开拓智慧城市、数字政府等市场，形成创新业务能力体系，加快自主研发，建成 5G 共享网络，不断提高企业的网络能力和为客户服务的质量。此外，公司加快实施混合所有制改革，将民营资本等非国有资本引入子公司，输入新鲜血液，盘活企业机制，激发内生动力，保持发展的活力。

基于 DNN 模型，我们对中国联通 2020 年第三季度、第四季度的经营活动现金流净额进行了预测，结果非常好，见表 4-6。第三季度真实值为 768.16 亿元，预测值为 766.82 亿元，真实值和预测值的误差仅 0.17%。第四季度误差虽达 7.09%，但也未达到 10%，整体结果较好。

表 4-6 中国联通经营活动现金流净额预测结果

预测时间	真实值（万元）	预测值（万元）	差值（万元）	差值/真实值
2020-09-30	7 681 605.73	7 668 228.58	13 377.15	0.17%
2020-12-31	10 733 376.46	9 972 330.04	761 046.42	7.09%

2. 安琪酵母股份有限公司预测结果

安琪酵母股份有限公司（以下简称"安琪酵母"）于 1998 年成立，2000 年于上交所上市，股票代码 600298。该公司是一家主要从事酵母及酵母类生物制品生产、经营、销售的企业，同时也是一家技术型企业。它专注于酵母技术的研发工作，并为国内外许多企业提供相关技术服务支持，被认定为国家重点高新技术企业。随着发展壮大，它现今已成为国内酵母行业龙头企业，酵母类产品产量惊人，发酵总产能达 40 万吨，酵母系列产品规模已居全球第二。

业务主要涉及酵母抽提物、生物饲料添加剂、面食类产品酵母、食品原料、营养保健产品、酿酒酵母等的生产销售，产品涉及人类健康、食物酿造、微生物发酵、面包烘焙、面食生产、生物能源、生物营养、调味剂生产等领域。公司还在不断开疆扩土，在乳制品业、酶制剂、绿色生物肥料、塑料软包装、制糖业等领域进行了投资。

安琪酵母经营模式分为生产模式、采购模式、销售模式三种。首先是生产模式，常规产品部分采用"面向库存"策略，根据历史经验及销售信息等确定最低库存和能承载的最高库存，并通过市场动态分析来调节库存；非常规产品则采用"面向订单"策略，按订单开展定制化生产。其次是采购模式，主要有以下三个要点：第一，实施集团化统一管控采购模式，按业务设立专门的采购职能部门；第二，建立采购内审制度，定期审计，即时纠错；第三，上线电子化采购系统，公司内部公开采购，提高效率的同时增加过程透明度，进一步满足公司监管需求。最后是销售模式，公司产品畅销全球 100 多个国家，故不仅在国内设立了数十个销售部门，也在国外设立了事业部。公司全球布局，建立多个区域总部，开设线上商城，除了自行搭建系统，还在各大第三方平台销售，打通渠道。

安琪酵母2020年第三、第四季度预测值均比真实值高，但是差距不大，误差分别为3.67%和2.99%，不到5%（见表4-7）。这里的预测值虽高于真实值，但是其精准度依旧保持较高水平。

表4-7 安琪酵母经营活动现金流净额预测结果

预测时间	真实值（万元）	预测值（万元）	差值（万元）	差值/真实值
2020-09-30	152 518.08	158 112.10	-5 594.02	-3.67%
2020-12-31	186 921.59	192 503.27	-5 581.68	-2.99%

3. 沈阳化工股份有限公司预测结果

沈阳化工股份有限公司（以下简称"沈阳化工"）于1996年成立，1997年于深交所上市，股票代码000698，是一家从事化工产品生产销售的企业。2020年年末营业收入95.72亿元，净利润3.57亿元，但同时负债率为57.94%，经营活动现金流也为负。

主要生产、销售碱类、酸类、醇类、烯类、酯类产品等，其中氯碱由于具有高附加值，成为企业核心产品，它的突出效益也让沈阳化工综合实力位居氯碱业前列。上述产品下游产业较多，有化工业、轻工业、航空航天业、建筑业、冶金业、纺织业、医疗业等。沈阳化工十分注重研发，被连续认定为国家高新技术企业，不断加强核心产品在行业的主导地位，不断研发和引进新技术，不断发展精细化工、石油化工产品，向化工新材料产业延伸，推进技术升级和产品结构调整。现今，企业实现了PVC和烧碱年产20万吨的目标，聚醚多元醇坚持差异化竞争，产能规模和盈利能力也表现突出。

针对沈阳化工，再次使用前述训练完毕的 DNN 模型对 2020 年后两个季度的现金流进行预测，结果如表 4-8 所示。预测值相对于真实值偏差不大，两期预测值均为负数，后期来看真实值也为负，且误差不到 10%，分别为 4.31% 和 5.59%，这也再次验证了模型的可靠性。至于企业经营活动现金流净额为何为负数，机器学习算法缺少一定的解释。但从企业管理角度看，可以提前预知现金流走势，对管理上的安排和战略调整有极大助益。

表 4-8　沈阳化工经营活动现金流净额预测结果

预测时间	真实值（万元）	预测值（万元）	差值（万元）	差值/真实值
2020-09-30	−83 451.69	−87 047.39	3 595.70	−4.31%
2020-12-31	−38 627.45	−40 787.45	2 160.00	−5.59%

4. 中国长江电力股份有限公司预测结果

长江电力股份有限公司（以下简称"长江电力"）2002 年成立，2003 年于上交所上市，股票代码 600900，主要从事水力发电、配售电、智慧综合能源及投融资业务，是中国最大的电力上市公司。

在国内业务上，长江电力管理着三峡、向家坝、葛洲坝、乌东德、溪洛渡等水电站。长江干流水电站年发电量在全球排第一，三峡、溪洛渡、向家坝水电站为发电量在全球位居前列的水电站。长江电力在发电、补水、防洪等方面的突出表现和独特地理优势，使得其被纳入国家战略层面。

除了国内业务，长江电力也坚持"走出去"理念，充分利用在国内积累的经验和自身优势在国际上帮助他国完善电站管理，体现出我国共享发展的理念和大国胸襟。

长江电力由于其强大的技术优势和独有的资源优势，财务状况良好、业绩稳定，2016—2020年，每年均为投资者派发每股不低于0.65元的现金股利。从预测的层面来看，长江电力2020年第三、四季度的现金流是极其充裕的，用真实值验证预测值，误差仅为5.97%和5.38%（见表4-9），可见误差很小，预测有效。在2020年上半年，企业管理者便可早早做好投融资安排和确定战略布局，也更有信心实施当年的现金股利分配。

表4-9 长江电力经营活动现金流净额预测结果

预测时间	真实值（万元）	预测值（万元）	差值（万元）	差值/真实值
2020-09-30	2 761 964.04	2 597 182.98	164 781.06	5.97%
2020-12-31	4 103 686.44	4 324 342.44	-220 656.00	-5.38%

5. 案例分析小结

DNN模型在落地预测四家企业经营活动现金流净额时表现都十分优异，误差最大为7.09%，不超过10%，最小的仅为0.17%，而其他均在4.5%左右浮动。四家企业采用随机抽样方法选出，来自不同的行业领域（见表4-10）。中国联通来自电信、广播电视和卫星传输服务业；安琪酵母来自食品制造业；沈阳化工来自石油、煤炭及其他燃料加工业；长江电力来自电力、热力生产和供应业，它们的低误差直接印证着 DNN 模型在预测现金流问题上不仅有较高精确率，同时兼具普遍适用性。

表 4-10 企业行业分布

企业	一级行业	二级行业
中国联通	信息传输、软件和信息技术服务	电信、广播电视和卫星传输服务
安琪酵母	制造业	食品制造业
沈阳化工	制造业	石油、煤炭及其他燃料加工业
长江电力	电力、热力、燃气及水生产和供应业	电力、热力生产和供应业

此外，模型预测值有正有负，故而作为企业管理者，在得知预测结果后，便可及时判断企业现有风险，战略是否可靠，策略是否需要修正。当预测值与企业预期一致，则肯定了现有道路的正确性，在现有方案上可选择是继续扩张还是缩减规模。当预测值与预期相距甚远时，则要反思现在的策略是否激进，是否存在一定的风险，当现金流呈现负数，更要重视，看是应收账款回款出现问题，还是季节因素引起，或是行情不好，管理有误导致经营不善等，进而决定是否需要借款发债来防止现金流断裂，保证企业健康正常运营。发现问题及时解决，预测现金流能协助企业做好投融资计划，将事后管理转变为事前管理。

作为外部投资者，在预知企业现金流后，则能更好地去分析企业提供的"信息"是否有画饼嫌疑，判断企业现在的运营情况能否真的产生期望现金流，是向好的方向发展还是虚张声势，进而决定是否要继续投资这家企业。政府、监管者和审计师则能运用未来现金流情况匹配企业现有业务，看是否有造假嫌疑和舞弊风险，如有则及时提醒公示，发挥监管监督效力，防止其扰乱资本市场。

图书在版编目（CIP）数据

财务大战略：数智化转型之路/张敏等著 .
北京：中国人民大学出版社，2024.7. -- ISBN 978-7
-300-33023-5

Ⅰ.F275－39

中国国家版本馆 CIP 数据核字第 2024XY0841 号

财务大战略：数智化转型之路

张敏　靳霞　徐凯　章睿　著

Caiwu Da Zhanlüe：Shuzhihua Zhuanxing zhi Lu

出版发行	中国人民大学出版社			
社　　址	北京中关村大街 31 号		**邮政编码**	100080
电　　话	010－62511242（总编室）		010－62511770（质管部）	
	010－82501766（邮购部）		010－62514148（门市部）	
	010－62515195（发行公司）		010－62515275（盗版举报）	
网　　址	http://www.crup.com.cn			
经　　销	新华书店			
印　　刷	北京联兴盛业印刷股份有限公司			
开　　本	720 mm×1000 mm　1/16		**版　　次**	2024 年 7 月第 1 版
印　　张	13.25 插页 2		**印　　次**	2024 年 7 月第 1 次印刷
字　　数	128 000		**定　　价**	68.00 元

版权所有　侵权必究　　印装差错　负责调换